美点凝視の経営

障がい者雇用の明日を拓く

アイエスエフネットグループ代表
渡邉幸義

致知出版社

はじめに

私の会社には現在、従業員が二千名余りいます。そのうち障害者手帳を持っている人が約七十名、さらに障害者手帳は持ってはいないがメンタル不全（心の病気）の人やニート、引きこもり、DV被害者、HIV保有者、フリーターなどの雇用《こよう》も行っているので、そうした人たちを合計すると八百名以上の、いわゆる就労困難者の人たちが働いています。

自分は今、健康だから関係ないと思っている人も多いことでしょう。しかし、あなたの周りを見回してみてください。うつ病や心身症をはじめとするメンタル不全や引きこもりなどの人がいないでしょうか？　あるいは加齢とともにがんや心臓疾《しっ》患《かん》、脳障がいなどが増え、それにともなう障がいのある人も多くなっていることでしょう。近い将来、この国の半分以上の人が障がい者になる、あるいは家族の誰かがそうなるといっても過言ではないと思います。

もはや障がい者の問題は他人事《ひとごと》ではないのです。


私が障がい者の雇用に力を注ぎ始めたのはこの十年ほどのことです。ＩＴ企業で障がい者雇用に力を入れていること自体が珍しいことでした。そのおかげでさまざまな経験をさせていただきました。今ではニートや引きこもりをはじめとする二十大雇用まで始めるようになりました。

ごく普通の企業である当グループが、多くの就労困難者を雇用し、しかも誰一人リストラすることなく、業績を伸ばしています。


なぜそうしたことができたのか、理由はたくさんあるでしょう。

あえて一つをあげるとするならば、障がいを「害」ではなく「個性」だととらえ、その個性を伸ばそうとしてきたからかもしれません。

こうした現場での経験をセミナーや講演会で話させていただくと、親御《おやご》さんにとても感激していただき、多くの人が大きな希望を持って帰っていかれます。

本書は困難を抱えながら、どうやって生きていこうか途方《とほう》に暮れていらっしゃる障がい者の方々、そしてその親御さんに、一人でも多く読んでいただきたくて書かせていただきました。

同時に、今はまったく他人事でも、いつかは関わり合うことになるだろう人々のためにも、ぜひ、本書を読んでいただきたいと思います。

さらに企業にとっても、今後、就労困難者の雇用は避けて通れない問題になってくることでしょう。そうしたとき、我々のチャレンジが必ず参考になると信じています。


障がい者は素晴らしい可能性を秘めています。

障がい者とともに働き、生きることは多くの喜びを与えてくれます。

本書を読んでそうしたことを感じていただければと思っています。

美点凝視の経営＊目次

第一章　障がいは〝個性〟

第二章　障がい者雇用の現実

第三章　障がい者雇用実現のために

第四章　障がい者雇用は会社と親の二人三脚

第五章　障がい者たちからもらったプレゼント

第六章　雇用を創ることこそ私の使命

第七章　新しい働き方を創っていく

第八章　私の夢

装　幀——フロッグキングスタジオ
編集協力——南部洋一／柏木孝之

プロローグ

講演などで話をさせていただくとき、よく朗読させていただくエッセイがあります。

私自身、迷ったときや、壁にぶつかったときなど、ことあるごとに何度も読み返し、いつも勇気をいただいている文章です。特に、障がい者の雇用に立ち向かうとき、とても大きな力になってくれたエッセイでした。

それをまずは紹介させていただきたいと思います。

＊

「一人一秒のプレゼント」奥村久美子

（前略）

それは太田先生の前の学校でのお話です。先生が担当されていたクラスに、脚の悪い男の子がいました。名前は正博で、皆から〝マサ〟と呼ばれていました。マサは右脚が不自由でした。でも明るい性格で、友だちとグラウンドでサッカーをしたり、体育の授業にも参加するがんばり屋でした。

その学校にも運動会が近づいて、学級対抗リレーの練習に、熱を入れ始めた頃、その問題は起こりました。

ある日、太田先生が放課後、職員室に残っていると、マサが入ってきました。そして、元気のない声で言うのです。

「ぼく、学級対抗リレーには出ません」

「どうしてなの？」

太田先生はマサの顔をのぞき込みました。

「……」

マサは下を見てうなだれています。

「がんばり屋の君らしくないな。先生はマサの走りは素晴らしいと思っているのよ。

マサが一生懸命走っているのを見ているとね、先生ももっともっとがんばらなきゃって思うんだ」

マサは体を固くして下を向いています。そしてやっと重い口を開くと、

「ぼくが走ると負けるから。僕のせいでクラスが負けるのが嫌だから」

そういうと、肩を大きく振りながら、職員室を出て行きました。

次の日、太田先生は、マサと仲の良い子に、どうしてマサはそんなことを言い出したのか尋ねてみました。すると、クラスの一部の子が、「マサが居る限り一等になれっこない」と話しているのを、偶然本人が聞いてしまったと言うのです。

その日の学級会で、太田先生はマサがリレーに出ないと言っていることと、その理由を皆に話しました。そして、こんなことも付け加えました。

「リレーはみんなが力を一つに合わせてがんばる所が、素晴らしいんだよ。大切な友達を傷つけながら優勝したって何がうれしい？　どこが素晴らしい？」

マサは机をバン！　と叩《たた》くと立ち上がりました。

「先生もういいんです。僕がちゃんと走れないのが悪いんだから」

みんな下を向いて、沈黙が続きました。すると、ある男の子が手を挙げました。

「マサ走れよ。クラスみんなが一人一秒速く走れば、三十八人で三十八秒速く走れる。そしたら勝てるよ」

その日から子ども達は毎日遅くまで、それは熱心にバトンタッチや、走る練習を重ねました。マサも練習に参加していたことは言うまでもありません。

そしていよいよ運動会の日、マサはみんなの声援の中、歯を食いしばって最後まで走り抜きました。そして、クラスメイトも、マサへのプレゼントの一秒のために、全力を尽くして走り抜きました。他のクラスはバトンを落としたり、転倒する子もあって、マサのクラスは本当に一等賞になったのです。

太田先生は、みんなと〝バンザーイ〟と叫びながら、涙の向こうの子供らの笑顔が、まぶしくてしかたありませんでした。（後略）

（『ありがとうを伝えたい　第2集』芸術生活社より）

＊

これは実話です。前半の部分が現在の日本の世相《せそう》を如実《にょじつ》に物語っていると思います。つまり、一番厄介《やっかい》な人間を省《はぶ》いて、問題を解決しようとするのです。

もちろんそれはリレーだけのことではなく、会社でも景気が悪くなれば、最初にリストラするのは会社にとって厄介な人間からです。企業はその人の生活や想い、今抱えている問題といったことにはおかまいなしに、次々と人を切っていきます。その基準はただ会社の役に立つかどうか、です。

このエッセイは前半部分だけで終わっていたら、誰も感動しないでしょう。私は、この話を日本だけでなく、韓国や中国でもしてきました。どの国でも皆さんが一様に感動してくださいました。

ではどうして感動するのでしょう？

先生は子供たちに「大事な友達を傷つけても勝ちたいの？　それでうれしい？」と問いかけます。その言葉にみんなが応えます。ゲームをしたり、テレビを見たりする時間を使って、マサ君のために頑張ったのです。一人一秒を縮めればいいのです。みんなの一秒が合わされば三十八秒、そしたらマサ君を救えるよねと言って力を合わせたのです。

感動、私はそこには必ず「共感」があると思っています。共感というのは自分もそうしたいという気持ちではないでしょうか。

人のために汗をかくのと、自分の家に帰って好きなことをやるのとだったら、家に帰るほうが楽なような気がするでしょう。でも違うのです。本当は誰もが人のために何かをしたいのです。

私は自分の会社で多くの障がい者の人に働いていただいています。彼らとともに働く社員たちの充実した顔を見るたびに思います。やっぱりみんな人のために汗を流したいのだ、と。

人のために汗を流すと、さまざまなプレゼントが思わぬところから贈られてきます。

どんなプレゼントか、それは本書をお読みいただければおわかりいただけるでしょう。

◎第一章◎

障がいは〝個性〟

誰がいつ、障がい者の「がい」を「害」という漢字にしたのでしょうか？
障がい者は決して「害を受けている」人ではありませんし、
ましてや「害を及ぼす」人でもありません。
かけ算ができないから駄目なのではなく、どんなことでもいい、
まずはいいところを見つけてあげませんか。
すると彼ら、彼女たちは実にユニークな個性を持った人として輝いてきます。

できないことに目を向けるのではなく、できることを伸ばすことが大切です

私は障がい者の両親たちに向けての講演会でお話しさせていただくことがよくあります。講演の後、質問を受けるのですが、あるとき三十代後半のお母さんからこう聞かれました。

「障がいのある七歳の子供がいるのですが、成長してもきっとうまくコミュニケーションがとれないと思います。どういう育て方をすれば働けるようになるでしょうか？」

「お母さん、お子さんにいいところがたくさんあるでしょう？」

逆に私はそう尋ねたのですが、お母さんは「うーん」と言って首をひねるばかりでした。

子供の悪いところ、さらに言えば、他の子供と比べてできないことばかりに目が

いき、そこを何とか改善しようとする親御さんが多いのです。

あるいはこんなふうに聞かれたこともあります。

「うちの子は自閉症です。あなたの会社には当然、自閉症に関して何でも把握《はあく》しているプロの先生がいらっしゃるんでしょうね？」

お母さんの心配もよくわかります。しかし、当グループにそうした先生はいません。私自身は自閉症やダウン症候群、あるいはアスペルガー症候群といった障がいについて医者と話をして、それがどんなものなのかは把握しているつもりです。

だから、アスペルガーの人に袋詰めをさせようとは思わないし、知的障がいの人に演算《えんざん》をしてもらおうとも思わない。

さらに細かなことを言えば、ひと口に自閉症といっても、十人いれば十人とも性格も症状も違います。全員、特技も違うのです。それぞれの得意なことを見つけ、それに合った仕事を作ることが大切なことだと思うのです。

だから私は言います。

「お子さんのいいところを一番よく知っているのは親であるあなたなのです。まずは子供のいいところを百個あげてください。何ができて、何が得意なのか」

しかし、子供の悪いところ、できないところはすぐに百個あげることはできても、いいところは三つか四つしか言えない親御さんが大半なのです。

「カップ麺《めん》を食べることが早い！」

「うちの子は割り箸《ばし》を本当にていねいに割る」

えっそんなこと、と思われるかもしれませんが、それも立派な特技ではないでしょうか？　何でもいい、他の人よりも勝る部分を探す、それを企業サイドがちゃんと戦力になるように使い、給料を払えるようにしていくことが必要だと思います。

障がいを〝害〟だと思うか、それを個性だととらえるか、それによって三百六十度見方が変わってしまうのです。

まずは理解し、それを解決することで個性になります

私の会社にはアスペルガー症候群の社員が十数人います。

アスペルガー症候群というのは「社会性・興味・コミュニケーションに関して特異性が認められる発達障がい」と定義されています。

医者はこう言います。

「アスペルガーの人たちには素晴らしい才能を持っている人がたくさんいます。ときには天才的な能力を持つ人もいます。しかし、コミュニケーションは苦手です。直感的にものを言います」

私の会社の社員の一人は「社長、席を立つときは椅子《いす》をちゃんとテーブルの中に戻してください」などと言います。私は彼のことがわかっているので、腹も立ちません。「ああ、ありがとう」と言って椅子を入れます。

彼に営業の仕事は向いていないかもしれません。しかし、彼は演算の能力が素晴らしく高い。難解な計算を頭の中でやってしまうのです。

そこで彼に演算を使うソフトの開発を担当してもらいました。すると天才的といってもいいほどの能力を発揮してくれました。その人のことを受け入れ、理解することによって、その人を生かすことができる。そうすることで障がいは個性になると思います。

エジソンもアスペルガーだと言われています。エジソンの母親は「学校の勉強なんてできなくていい。あなたの強みを生かしなさい。あなたは天才なんだから」と言って育てたといいます。

最初は周りの人たちにずいぶんと馬鹿にされたそうです。それでも、母親に「あなたは天才なんです」と言われ続けてきた。だから彼は天才になりました。あるときすごい能力を発揮して、それがみんなに認められた瞬間、社会は手のひらを返したように賞賛《しょうさん》し始めたのです。

あるいはアップルを創業したスティーブ・ジョブズもアスペルガーだと言われています。

アップルでは業績が伸びているのに、社員がどんどん辞めてしまう時期がありました。彼がいきなりキレてものを投げつけたり、人を罵倒《ばとう》したりしたことが原因の一つだといいます。自分の感情をそのままぶつけてしまい、誰もついていけなかったのでしょう。ついにはオーナーであるジョブズ自身が会社を追い出されてしまいます。

ところがその途端《とたん》に会社の業績が下がっていったのです。彼に素晴らしい発想力やカリスマ性があることが、いなくなってようやくわかったのでしょう。そしてほどなく復帰すると、会社は再び大きく飛躍《ひやく》しました。今度はみんなジョブズのことをほめたたえて、ついていったのです。

「障がいは個性だ」と周囲の人たちが認めることがとても大事なことだと、私は思います。認めた上で、いいところ、強みを伸ばすこと。そしてそれをまずしなくてはいけないのが親なのです。

偏差値《へんさち》とか、ものをたくさん覚えられるとか、字がうまく書けるといったことが、社会の基準になっているようだから、うちの子もそれに合わせなくてはいけないというのが根本的な間違いだと思います。

大切なことはその子、その人の得意なことを伸ばしてあげること。それは障がいがあるなしにかかわらず、今の世の中でとても大切なことだと思います。

真っ暗闇の中では視覚障がい者が健常者でした

ＤＩＤというイベントをご存じでしょうか？

ＤＩＤとは「ダイアログ・イン・ザ・ダーク」つまり、「暗闇の中の対話」という意味です。

参加者は「ようこそダイアログ・イン・ザ・ダークの世界に」と言って視覚障がいの人に迎えられます。そこは完璧《かんぺき》な闇の世界でした。視覚障がいの人に案内されながら、暗闇の中でいろいろな経験をするのです。

なんでもこれは一九八九年にドイツの哲学者が考え出したもので、世界三十か国で開催されて、九百万人以上の人が体験しているそうです。日本でも東京の外苑前《がいえんまえ》で開催しています。

そこに私も参加してきました。

完璧に光を遮断《しゃだん》された世界に入ると、手を引かれないとまったく歩けません。喫《きっ》茶店《さてん》みたいなところにも案内され「何を飲まれますか」と言われました。

「コーラをお願いします」と言うと、テーブルにコップを出して、コーラを瓶《びん》から注ぐのです。きっとそうしているのでしょう。私は目は見えても真っ暗で見えないのです。でも視覚障がい者は、目は見えなくても、ちゃんとわかっているのでしょう。コップを手渡され、ともかくコーラを飲みました。

何とか飲み終えると、あらかじめ用意していた千円札を渡してお金を払います。すると彼女は「はい、千円ですね」といって、お釣りもちゃんと渡してくれます。どうして千円だとわかるのか、私には不思議で仕方ありませんでした。

そうした経験を三、四十分して、最後にそこを出るとき、案内してくれていた人が「ここからはあなたたちの世界です。私たちはここから先には行けないのです。さようなら」と言って別れます。

光のある世界に出た瞬間、「ああ、私はマジョリティという名の下で生かされているにすぎないんだ」と思ったものです。

もしこの地球で九〇パーセントが目の見えない人だったら、目が見える私自身が障がい者なのです。マジョリティが健常者と言われているだけのことで、マジョリティが生きやすい世の中になっているだけなのだと思いました。

当グループでは高学歴の人ほどメンタル不全発症の割合が高いのです

最近、増えているのが知的障がいや発達障がいとは違う、メンタル不全（心の病気）です。過労やストレスに起因《きいん》するうつ病がその代表的なものですが、この十年間でうつ病患者は二倍に増え、百万人にものぼると言われています。

私の会社も例外ではなく、グループ全体でうつ病患者は四十人にのぼります。メンタル不全（復職者含む）となると数百人になるでしょう。

しかも不思議なことに、当グループのメンタル不全の社員には、高学歴の方の割合が高いようです。

これまで人との関わりよりも、勉強を優先してきたのではないでしょうか。勉強はある程度自己で完結しますが、社会に出て仕事をするには、人との関わりが不可欠ですし、自分と価値観が合わない人、あるいは嫌いな人でも避けて通れないでしょう。人と関わってきた経験が少ないため、どうやって人の中で生き、コミュニケーションをとればいいのか、その方法がわからないのではないでしょうか。

今、私の息子は大学生ですが、高校生のときサッカー部に所属していました。多くの部員は三年生になった途端に親からサッカーをするなと言われやめていったようです。受験に差し障《さわ》るという理由からです。でも、私は息子にやめるなと言いました。息子はゴールキーパーをしていたのですが、「お前が今やめたらチームに迷惑がかかる。勉強、スポーツ各々全力で努力し、その上で大学に落ちるならそれでもいいから、やめてはいけない」と言ったのです。

チームのこと、周りのことなどを何も考えないでいい大学に入った若者も、会社に入ると、今度はチームで仕事をしないといけなくなるのです。例えばプロジェクトで仕事が進んでいるときに、「僕は自分でやりたいことがあるので家に帰らせてもらいます」などと言っていたら、すぐに干《ほ》されてしまうでしょう。

あるいはこれまで自分のことしか考えてなかったのに、人の面倒を見るようにと言われてもストレスがたまるだけではないでしょうか。

そもそも今の学生たちはとても素直です。これまで親が敷《し》いた道の上を歩いてきたのでしょう。勉強しなさい、自分のためなのだからと言われ、本人もそれが親孝行にもなると思ってやってきたのでしょう。

しかし、ちょっとしたきっかけを与えてあげるだけで、いろいろなことに気づき、行動を起こす学生たちも少なくありません。

私はいろいろな大学でゲスト講師として話をさせていただくことがあります。そうした学生に呼びかけてサークルを作っています。

サークル名は「リッキーズ」といいます。講義の中で「NPOやボランティア活動をしているサークルだけど、参加しませんか」などと呼びかけるのです。

そのメンバーが今、五百人ほどいます。彼らにイベントや講演会、ボランティア活動などがあるたびにメールで声をかけるのです。毎回かなりの応募があるので、定員を決めて参加してもらっているほどです。ボランティア活動をしたり、施設で人の面倒を見ることが、彼らにとっては新鮮《しんせん》なのか、スポンジが水を吸い込むようにいろんなことを吸収し、興味を持ってくれます。その上、自分たちでいろいろな施設に行ったり、ボランティア活動までするようになっています。
こうした若者の姿を見るたびに、親や学校の教育がとても大切だと思うのです。

さまざまな人の立場で物事を見ることのトレーニング

私はほぼ毎月一度は何らかのボランティア活動をしています。障がい者施設のお手伝いをしたり、本社がある青山の道を掃除《そうじ》したりするのです。私がするので、社員もやってくれます。中には仕方なしの人もいるでしょうが、それでもやらないよりはいいのかもしれません。

青山の掃除はいつもお世話になっているこの街に感謝しよう、恩返しをしようという気持ちで始めました。季節のいい時期なら、百人ほどの社員が参加してくれます。

今度の震災で感じた人も多いと思いますが、私たちはこれまで電車が走っているのは当たり前、水も電気もあるのは当たり前と思っていました。でも本当は当たり前ではないことに気がつきました。

そうはいってても、また時間がたつと忘れていってしまうのも仕方ないことでしょう。いろいろなものがそこにあることが当然だと思い、感謝することを忘れてしまわないように清掃《せいそう》のボランティア活動をしているのです。

こうした活動をしていると、自分だけの目線で考えるのではなく、相手の目線でも考えるようになります。いわゆる利他心が養われるのです。

以前、東京の本社に車椅子《くるまいす》の社員がいました。ときどき、大江戸線の青山一丁目駅まで、その車椅子を押して行くこともありました。まずは会社を出て右に行くと赤坂郵便局があります。そこにはゴミ捨て場があるのですが、そこのゴミがはみ出していると、車椅子が通れません。歩いているとまったく気がつかないのですが、車椅子だと大問題なのです。それに気がついてからは、掃除をするときにはそこを念入りに片づけるようになりました。

郵便局から少し行って今度は左に曲がります。そこに横断歩道があるのですが、段差がまったくありません。私は韓国にもよく行くのですが、韓国の道路はソウルなどの中心部でもまだ路面整備されていないところが多くて、日本のインフラのよさを改めて感じます。

さあ、大江戸線の駅に入りました。駅員さんが駆《か》け寄ってきてくれるではありませんか。正直に言うと、それまでここの駅員さんはあまり好きではありませんでした。何となく態度が悪いような気がしていたのです。しかし、車椅子の人を連れていくとすごく優しいのです。電車が来ると渡り板をぱっとホームとの間に置いてくれて、最後は最敬礼までしてくださいます。

たったこれだけのことなのですが、一人で歩いていると自分の目線しかないのに、車椅子を押すだけでその視線になってしまうのです。目線によってものの見方や感じ方がまったく変わってくるのです。

自分と違う境遇《きょうぐう》の人と接することで、いろいろな目線が培《つちか》われるのではないでしょうか。知的障がいの人と一緒にいればその目線になれるし、ホームレスの人と話せばその目線にもなれます。

その結果、自分が持っていないものをこの人は持っていると気がつくこともあるだろうし、弱いところを見つけたらフォローすることもできるのです。

自分の視線しかない人にはそれができないのです。

私の会社は幸いなことにいろいろな人がいます。それだけで、私があれこれ言うまでもなく、社員たちには相手の立場になってみる習慣が自然に生まれているようです。

会社を始める前、私はある外資系の会社にいました。私がいた会社は主に大卒しか採用しませんでした。ほとんどみんなその会社が決めた一定以上のレベルの人たちばかりでした。

そこではまず本能的に自分を守ろうとする気持ちが生まれます。同時にどこかで敵愾心《てきがいしん》が湧《わ》き、「こいつより絶対出世してやる」という気持ちになりました。

今思えばあの頃は全部自分目線だったように思います。

障がい者雇用をするようになり、さまざまな人の目線で物事を見ることができるようになりました。いえ、逆に言えば、さまざまな視線で物事を見るために障がい者雇用をしていると言ってもいいのかもしれません。

実は私自身もメンタル不全の経験があります

現在、国が障がい者として認めている人は全人口の約五パーセントだと言われています。彼らは「障害者手帳」を発行されて、国からさまざまなサービスを受けています。日本の人口が一億二千五百万人として約六百二十五万人になります。

しかし、世界保健機関（ＷＨＯ）が、人口の約一五パーセントが障がい者だと二〇一一年に発表しています。七〇年代には一〇パーセントと発表していましたが、高齢化に加え、心臓や血管の病気、糖尿病《とうにょうびょう》といった慢性疾患《まんせいしっかん》の患者も増えてきたため、一五パーセントという数字になったようです。その中にはメンタル不全や発達障がいの人も含まれています。

一五パーセント、つまり六人か七人に一人は障がい者ということです。決して他人事ではないと思うのは、実は私自身がメンタル不全の経験があったからなのです。それは外資系の会社に勤めていた頃のことでした。会社にはもちろんいいところもたくさんあったのですが、やはり競争の世界でした。オーダーをとってきた者が勝ち、という世界です。成績がよくなくてリストラされるような場面をしょっちゅう目の前で見てもきました。そういうのがとても嫌だったのは確かです。

人間というのは嫌なことをずっとやっていると、壊れていくのです。私も例外ではありませんでした。

いつもは人一倍元気で体力もあり、お酒も大好きでした。ところが、好きなお酒を受け付けなくなりました。それが最初で、やがて食欲が落ちていき、過呼吸の症状も出るようになりました。そしてついにはパニック障がいで電車にも乗れないことがありました。死にたいという気持ちもあったし、眠れないこともしばしばでした。うつ病だったのでしょう。典型的なメンタル不全です。

今の私しか知らない人が聞いたらとても信じられないかもしれませんが、そういう時期が七年ほどあったのです。

あのまま会社にいたら廃人《はいじん》になっていたかもしれません。その恐怖はいつも持っています。

ところが会社を辞め、今の会社を興《おこ》した途端、メンタル不全はきれいに治ってしまいました。メンタル不全は治らないと言われています。しかし、治るのです。私は自分の身をもって証明しているのです。

親しい精神科の医者が言うには、うつ病などのメンタル不全の人に対して、三十分の診療《しんりょう》で薬を出しても決して治るわけがない、と。薬はあくまで対症療法《たいしょうりょうほう》です。症状を抑えるだけではなく、その原因になっているところにメスを入れないかぎり治らないのです。

今、心療内科が人気のようですが、それはおおもとにある原因を探ってくれるからでしょう。そしてその原因を取り除けば治る可能性は十分にあるのです。私自身、会社を辞め、創業したその瞬間、私のおおもとにあった問題がクリアになり、メンタル不全が治ってしまったのですから。

こうした経験があるからこそ、私はメンタル不全をはじめとする障がい者の立場に立つこともできるし、その人たちの雇用にも全力を尽くそうと思うのです。

◎第二章◎

障がい者雇用の現実

障がい者と健常者の違いは、右利きと左利きの違いのようなものだと思います。つまり、単なる個性の違い、ということなのです。

当グループではそうした個性豊かな障がい者たちがきちんと戦力になって仕事をしています。

しかし、多くの企業は「評価ゼロ」という見方しかしていないようです。

当グループでは実に個性豊かな人たちが働いています

いつも、誰よりも元気いっぱいだった私がメンタル不全になったように、現代では誰もがメンタル不全になる可能性があります。いえ、メンタル不全に限らず、いつ誰がどんな障がいを抱えることになるかもわかりません。

あるいはＷＨＯが発表したように七人に一人が障がい者になるなら、日々の仕事や生活の中で障がい者と接することも多くなるでしょう。

私の会社では障がい者を特別な存在として扱うのではなく、それもまた個性として受け入れ、障がいのある多くの人たちに働いていただいています。特に二〇一一年十一月から「二十大雇用」というスローガンを掲げて、新たな雇用を創造しようとしているのです。

私たちがいう二十大雇用とは次のものです。

一　ニート・フリーター
二　障がい者
三　ワーキングプア（働く時間に制約のある人）
四　引きこもり
五　シニア
六　ボーダーライン（軽度な障がいで障害者手帳を不所持の人）
七　ＤＶ被害者
八　難民
九　ホームレス
一〇　小児がん経験者
一一　ユニークフェイス（見た目がユニークな人）
一二　感染症
一三　麻薬・アルコール等中毒経験者
一四　性同一性障がい

一五　養護施設等出身の人
一六　犯罪歴のある人
一七　三大疾病（がん、脳卒中、心筋梗塞）
一八　若年性認知症
一九　内臓疾患
二〇　その他就労困難な人（失語症）

当グループでは実に個性豊かな人たちが働いています。少し彼らをご紹介しておきましょう。

A君はアスペルガー症候群です。前の会社にはあまりなじめなかったようです。とにかく空気が読めないのです。いきなり「許せない！」などと叫《さけ》んだりします。「ここでそれを言ってはいけないだろ」と普通なら我慢《がまん》することをA君はできないのです。それがアスペルガーの特徴なのです。ときには泣き出すこともあります。そんなとき私は「どうした？」と優しく言って肩を抱いたりします。すると彼は自分のことを理解してくれていると感じて、安心するのです。

もう一人アスペルガーのB君も感情の抑制が苦手で、直接的な言葉を多く使います。一緒に仕事をしている女性とはいつも喧嘩《けんか》しています。彼女も「あんたふざけないでよ」などと泣きながら言い合っていることもあります。B君の言葉を聞いていると、腹が立つのも当たり前だからそれでいいと思っています。しかし不思議なのはそうやって喧嘩しながらも、一緒に笑って写真に納まっていたり、ランチを食べたりしているのです。

B君がここで働くようになって五年ほどたちます。私は月に一度、こうした障がい者の人たちに一人ひとりメッセージカードを読んで渡すようにしています。「ここが素晴らしい」と言ってほめるのです。

ある日のこと、カードを読んでいる間、何かB君の態度が落ち着かないのです。すると自分の番が近づいてきたときに、いきなり振り向いて自分の席に行き、スーツを着て戻ってきました。

それを見て私は感動したものです。あれほど空気が読めずに奔放《ほんぽう》に振る舞っていた彼が、この場ではスーツを着ていないといけないと自分で気づいて行動に移したのです。理解してあげれば人間は変わるんだなと思ったものです。

アスペルガーと同じ発達障がいでいうと、人と関わることが難しい自閉症や落ち着いてじっとしていられない多動性、字を読んだり書いたりする能力が欠けているディスレクシアなどがあります。

対人恐怖症の女性もいます。これは障がいとは認定されませんが、彼女の場合、身内以外の第三者とは話せませんでした。家では普通に話すし、家族とカラオケにも行ったくらいで、当初は母親でさえ気づかなかったそうです。事前にそんなふうに聞いていたのですが、面接のとき彼女がきちんと話すので驚きました。なんだ大丈夫じゃないかと思って質問したら、何も答えが返ってきません。よくよく聞いてみると、今日、私に話すことを想定し、全部暗記してきたらしいのです。

性同一性障がいの人もいます。手術をして性別が変われば、性別に合わせたトイレを使っていただけるよう配慮《はいりょ》しています。

知的障がい者も多数います。何かを教えても覚えるまでに時間はかかりますが、その人の特性を見いだしてあげれば、それほど問題はありません。

中には天才的な能力を持っている人もいます。例えばセロハンテープを十センチで切ってほしいと言うと、一ミリ程度の誤差《ごさ》で素早く、何枚でも切っていくのです。

彼らの行動はある程度予想がつきます。しかし、何をするかわからないという意味で大変なのはメンタル不全をはじめとする精神障がいかもしれません。

メンタル不全と言えばまずはうつ病です。極端《きょくたん》に落ち込み、会社にも行きたくない、さらに自殺にまでいってしまうリスクもあるので注意しなくてはいけません。

それから双極性障がい、いわゆる躁《そう》うつ病です。統合失調症といって幻覚《げんかく》や幻《げん》聴《ちょう》がある人もいます。

ドメスティックバイオレンス（ＤＶ）の被害にあった女性もいます。ＤＶは結婚している女性の三割がその被害にあっていると言われるほど一般的になってしまいましたが、当グループで働くＤＶを経験した女性は、男性と同じ職場ではとてもいられないほど重症です。つい先日も、フラッシュバックを起こし、救急車を呼びました。

このように私の会社にはさまざまな人がいます。そしてそれをやってきた私が思うのは、二十大雇用といっても、偏見《へんけん》さえなければほとんどみんなちゃんと働けるということです。

怠け病だと言う人もいる新型うつですが、やはり多くはメンタル不全です

テレビや雑誌で取り上げられて話題になっている新型うつについても触れておきましょう。

これは若者に多いと言われ、これまでのうつ病と同様、不眠や気分の落ち込みといった症状があります。ただ従来のそれと違うのは、職場を離れると元気になり、友人と会ったり、趣味を楽しんだりもするのです。

ＮＨＫの番組でも取り上げられていましたが、あんなの怠《なま》け病だろうと言う人もたくさんいます。確かに本当に怠けている人もいます。

病院に行って「眠れない、食欲がない、死にたい、それが二週間以上続いている」と言えば、ほとんどの場合、「うつ病」と診断されるそうです。そうやって診断書を出してもらうと、傷病手当で給料の三分の二を最大一年半受け取ることができます。さらに当グループの場合、すまいる共済といってみんなでお金を出し合い、何かあったときは共済金の中から補えるよう手厚い制度を設けています。その間に、就職活動をして退社してしまうということが何度かありました。私としては大きなショックを受けましたが、本当に怠けている人は多分全体の一〇パーセント程度のものでしょう。逆に言えば、あとの九〇パーセントが新型うつ病というメンタル不全なのです。

当グループにはメンタル不全の人の面接や教育に関してアドバイザーをしていただいている精神科のC先生がいます。C先生に社員の薬を見せると半分か極端なときは五分の一になってしまいます。ほとんどが対症療法的な薬なのです。例えば眠れないと言えば、睡眠導入剤を処方《しょほう》されるのです。薬は症状を軽減させるために必要なときもあるでしょうが、それでメンタル不全が完治するわけではありません。

Ｃ先生は今は診察はしていなくて、大学で教えたりしています。先生は「僕は一番貧乏な医者だった」と言います。薬を出さずに、患者の話ばかり聞いていたからだそうです。

人は誰も好不調の波があります。その振れ幅が大きければメンタル不全と呼ばれ、障がい者と言われるのです。その境界は決して明快《めいかい》ではありません。ちょっと気分が落ち込む、そんなことは人間なら誰しも経験したことがあるはずです。頑張れば頑張れるけど、やっぱり駄目《だめ》、医者にもうつ病だと言われたし……。そういったグレーゾーンで生きていることも確かなのです。

まずは心のＳＯＳをきちんと聞いてあげることが大切だとＣ先生がおっしゃっています。

今、心療内科が大盛況だというのもそのせいかもしれません。

私自身もセミナーなどを開くと、いろいろと相談されてカウンセラーのようになっていることがよくあります。

ひとしきり話を聞いた後、「そうですね、頑張りましょう」と声をかけると晴れやかな顔をされることも多いのです。なかなか思いを吐《は》き出せる場所もないのでしょう。

世の中には右利きも左利きもいていいと思います

私の会社にはＨＩＶ患者もいます。ほとんどの企業では、自分はＨＩＶですなどと言ったらまずは採用されないでしょう。しかしＨＩＶは会社の中でうつることはまずない病気です。薬を飲んでいればほとんどが発症しないし、発症したとしても唾液《だえき》でもうつらないのです。その意味ではインフルエンザのほうがよほど怖いくらいです。

身体障がい者の場合はある程度外見でわかってしまいますが、ＨＩＶにしろ、アルコール中毒や覚せい剤中毒、犯罪歴がある人、さらにメンタル不全なども、見た目だけではわかりません。

わざわざカミングアウトすれば採用されないので、ほとんどの人は黙って雇用されているのです。ハローワークでも黙っているようにと言われるそうです。法律的にも報告する義務はないのです。だから黙って入ってくることが多いのです。しかし、隠して入ってくるほうが企業にとっても、採用される人にとっても、ずっとリスクは高いと思います。

例えば犯罪歴のある人だとしても告知されないかぎり、ほとんどわかりません。メンタル不全にしても同じことで、最初は黙っていればわからないのです。しかし、いつ自分の犯罪歴がネットなどに載ってしまうかわからない。あるいはメンタル不全の症状がいつ出て、会社に知られてしまうかわからない、そんな不安の中で仕事をしている人がとても多いのです。そんな状態で仕事をしていたら、余計にメンタル不全の症状が重くなっていくかもしれません。あるいは犯罪歴があるからといって採用しなければ、その人はまた新たな罪を犯してしまうおそれも高まるでしょう。ところが、二十大雇用を掲げるようになると、社員が自分の犯罪歴や病気を告知してくれるようになったのです。

告知してくれれば、適切に配置ができます。例えば横領《おうりょう》の前科があるとすれば、高価なものに触れる機会をなくせばいいのかもしれません。わかっていれば、さまざまなリスクを最小限に減らすことができるし、もし何かあったときにもきちんと対処ができるのです。

告知しないまま採用してしまうと企業サイドも対応ができないため、そこで大きな問題が起きるのです。てんかん患者が起こした自動車事故などはその最たる例かもしれません。

障がいのあるなしは、右利きと左利きの差でしかないと私は思います。右利きか左利きかは個性であり、得手不得手がそれぞれあるということです。

つまり「左利きだから採用しない」というのではなく、「あ、そうですか、それなら左利きを生かせる仕事を任せる」ということになるのです。

左利きなのにそれを黙っていて、右利きの仕事ばかり回ってきてもつらいだけではないでしょうか。

世の中には右利きも左利きもいていいと思います。だから私は二十大雇用をするのです。

企業関係者の多くは障がい者のことについてほとんど知識がありません

「企業は社員の安全衛生を守る」という義務があります。これに反すると安全衛生義務違反になります。

例えば、社員が「お腹が痛い」と言ったら休ませないといけない、産業医も雇わなくてはいけない、これを怠《おこた》り社員が重い病気になったり、亡くなったりすると、私の責任になり、逮捕《たいは》されることもあるのです。

障がいに関しても同じことが言えます。しかし、知らないと大変な問題が起こることも確かです。

例えばてんかんの人がいたとします。その人に発作が出た、そのときちんと対処しなければ、舌を噛《か》み切って死んでしまうこともあるのです。だから事前に医者に行き、どういうときに症状が出て、どう対処すべきか知っておかないといけないのです。

ところが現実は、障がいのことを言ったら雇ってもらえないから言わない。あるいは言ったとしても、法定雇用のために雇用はするがそれがどんな障がいなのか知ろうともしないのです。

驚くことに企業の経営者たちの多くは、障がいのことについてほとんど知識がありません。うつ病くらいは聞いたことがあるかもしれませんが、アスペルガーとなるともう知りません。てんかんにしろメンタル不全にしろ、障がいがあると聞けば、それが何であろうと、それではうちで雇用できないな、ということになってしまうのです。

しかし、障がいについての知識がきちんとあれば、ほとんどが何の問題もなく雇用できるのです。ましてや、今後、企業ではうつ病などのメンタル不全の社員がさらに増えていくことでしょう。もはや企業の経営陣も障がいを他人事だと思っているわけにはいかなくなるでしょう。障がいについて経営陣が知識を持ち、事前に対策を立てていけば発症率も大きく下がっていくのです。

企業にとって障がい者は評価ゼロなのでしょうか？

二〇〇八年九月のリーマンショック以降、世界中で大掛《おおが》かりなリストラが行われてきました。日本の企業でも、一つの企業で万人単位のリストラが行われることもあり、失業者が急増して社会問題にもなっています。こういうリストラによって最初にクビを切られてしまうのが障がい者なのです。その理由は、単純に戦力にならないから、ということでした。

会社は人間をお金で計算します。この人間はこれくらいの利益をあげているから、これくらいの給料を払おうと。これが査定《さてい》と言われているものです。そして多くの企業では「障がい者は評価ゼロ」と考えているようです。お金を生み出さない人間と思っているからこそ、仕方なく、国が法定雇用というものを作って、無理に雇わせているのです。

法定雇用率は「障害者雇用促進法」で定められていて、一定規模以上の企業（五十六人以上の常用労働者がいる企業）は、民間企業で一・八パーセント、国・地方・公共団体などでは二・一パーセントになっています。つまり従業員が百十一人いれば二人、千人だと十八人の障がい者を雇用しなくてはならないのです。

これを満たしていない企業に対して、一人五万円の罰則金《ばっそくきん》が課されます。企業はこの五万円を払ってもクビを切っていきました。わかりやすく説明しましょう。

東京都の最低賃金は八百四十一円（二〇一一年現在）です。これに社会保険料や交通費を入れると、約千円になります。これでいくとだいたい月に十六万円払っていることになります。さらに三人に一人サポートの人をつけるのが適切です。サポートの人に二十四万円払うとして一人八万円の負担になり、障がい者には月に約二十四万円払っていることになります。

さて、リーマンショックのように背に腹はかえられないといったときには評価ゼロの人間に二十四万円払うより、五万円の罰則金を払ったほうがいいと考えるのです。

法定雇用率に達しない場合は会社の名前を公表されるのですが、それでも多くの障がい者が解雇《かいこ》されていったのです。

多くの人はここまで読んで、まあそれも仕方ないか、と思われるかもしれません。しかし、法定雇用率よりたくさんの障がい者を雇用している当グループは、リーマンショックのとき、一人も解雇せず、その上驚くことに利益が上がったのです。

福祉施設は優しいけれど自立はさせてくれません

障がい者雇用を始めた頃、誰も応募がなかったのですが、今ならそういう親御さんの気持ちもよくわかります。不況になると真っ先にクビを切られるおそれが大きいのが障がい者である我が子なのですから。その点、授産《じゅさん》施設などの福祉施設はまず辞めさせることはありません。国から助成金も障がい者一人につきいくらと支払われているので、本音のところでは、福祉の職員たちは障がい者に辞めてもらっては困るのです。福祉という環境なので、ある意味障がい者に対して、ものすごく優しいのです。そのかわり、いつまでたっても経済的に自立できません。

私は障がい者が自立でき、不況になっても雇用を守り抜く会社を目指したいのです。自立すれば、その親子の関係や日々の暮らしは驚くほど安定します。

母と障がい者の子の二人暮らしを想定します。子供が授産施設に行くと、食事代やバスでの送り迎えや施設の利用料として、月に二～三万円ほど施設に払います。子供は工賃として月に一～二万円ほどもらいます。結局、一～二万円払って仕事させてもらっているようなものです。しかもここではいつまでたっても自立はありません。お母さんはその間、働きに行けるので月に二十万ほどは手にするでしょう。つまり十七万円プラス、障害年金の七万円で、二十四万円になり、何とか当面は暮らしていける程度です。

一方、子供が企業に入り、十六万円の給料をもらいます。お母さんの二十万円と年金の七万円を加えると、四十三万円になります。子供にお小遣いを三万円あげても、月に十五万円は貯金できるのです。しかも、私は障がい者の自立を目指し、給料も二十五万円を目標にしています。二十五万や三十万の貯金も夢ではありません。

母親の最後の心配は、自分がいなくなったらこの子はどうやって生きていくかということですが、二十年もこうやって暮らしていけば数千万の貯金ができるはずです。

企業が自立と雇用を保障すればこんな暮らしも夢ではないのです。

これでも障がい者は評価ゼロと言いますか?

果たして障がい者にそれほどの給料を払えるのかと疑問に思う方も多いでしょう。私は障がい者も必ず企業になくてはならない存在になると思っています。当グループに見学に来た人は誰もが納得して帰っていかれます。知的障がいの人も普通に働いています。

例えば経理伝票をめくって打ち込んでいくという作業があります。この仕事を派遣の人に頼むと時給で千二百円くらいです。月に百六十時間やって約二十万円の給料を支払います。新卒社員だと、月に二十一万円払い、ボーナスを含めてだいたい年収は三百万円程度でしょう。

経理伝票の処理を完璧に覚えるのに新卒で一か月かかるとします。軽度の知的障がい者ですと、二年かかるかもしれません。しかし、この二年間の給料はその訓練を積んでいる組織から採用する、ないし、企業で採用しても特別開発金の利用をすれば、企業の負担は大幅に低減されるのです。この時点ではほぼ差がありません。仕事のスピードでいうと、新卒者と比べると私の感覚では十対八くらいです。つまり三百万円に対して二百四十万円の仕事をしていることになります。この時点でもう、派遣の人とほぼ同じ額になっています。

さらに言うと、知的障がい者を雇用すると法定雇用を達成している企業に関しては一人あたり国から毎月二万七千円支給されます。これで給料は一〇パーセント補えて十対九になります。場所代も、国から一定期間ですが支給されます。一人三坪使っているとして年間その三分の二のお金が出ます。つまり坪単価一万五千円なら年間三万円出るのです。ここで会社が支払う額は新卒者と並びます。その上その人が使っているパソコンなどの国で認可されたものは補助金が出ます。

まだあります。知的障がいの人は勤務時間中は集中して働きます。さぼってネットサーフィンしたりする人もいません。健常者に一か月かかって教えても二、三年で辞めていく人もけっこういます。しかし、障がい者に教えるのに二年かかっても環境さえ作れば、その後数十年はしっかりと仕事をしてくれます。

さあ、これでも障がい者は評価ゼロなのでしょうか？

どうして奇声を上げたりしないのですかと尋ねる人もたくさんいます

当グループが障がい者の雇用に力を入れているということを知って、多くの会社関係者も見学にみえます。そのときに多い質問が「どうしてお宅の会社の知的障がい者の人たちは奇声を上げることもなく静かに仕事をしているんですか？」というものです。

確かにうちで働く知的障がい者は、重度の人も含めて騒《さわ》いだり、机を叩いたりする人は一人もいません。

「私が愛しているからだと思います。だから安心しているんです」

そう私が返事をすると、たいていの人は口をぽかんと開けて黙ってしまいます。

もう一つよく聞かれるのは「お宅では一般の社員と障がい者の人が違和感なく、協力しながら働けているのはなぜでしょうか」ということです。

それは中野にある当グループの特例子会社アイエスエフネットハーモニーだけでなく、本社でもそうです。

多くの大企業の場合、特例子会社を作り、そこで障がい者を雇用しています。責任者として送られるのはたいてい専門外の人間です。ましてや社長が直接障がい者の名前を覚えたり、コミュニケーションをとることなどまずないと思います。

その結果、決して輝ける場所ではなく、どちらかというとあまり従業員が率先して行きたいと思わない場所となっています。

しかし、うちでは私が率先して彼らに会いに行っています。本社と同様にハーモニーにも足を運んでおり、一緒に昼食を食べたりしています。なぜそうするかと言うと、私自身が就労困難な人たちを大事にしたいと思ったからです。そしてそこで働いているスタッフにも、口だけで大事にしているのではなく、現実にそうしているんだというメッセージを送りたかったのです。

私がそうしていると、やがて役員や社員もやってくるようになりました。ハーモニーのスタッフたちはとても大切な仕事をしていると自覚し、大きなやりがいを感じているようです。障がい者の人たちにもそれがわかっています。

だから一般の社員も障がい者も協力しながら一生懸命やるし、雰囲気も明るくなります。トップがそこを〝大切な場所である〟と意思表示すれば、社員は自然に優しくなっていくものです。

社会が隔離してしまった人たち

もちろん当グループの社員もはじめは障がい者とどう接していけばいいかはわからなかったようです。接したことがなかったから、扱い方がわからなかったのです。

私が生まれ育ったのは静岡県の沼津《ぬまづ》でした。子供の頃、というともう四十年ほど前になりますが、当時の沼津は絵に描いたような田舎でした。

その頃のことを思い出すと、周りには知的障がいを持つ子供などがかなりいました。そしてみんなで仲良く、ときには助け合いながら遊んでいたように記憶しています。

人と人の関係、近所付き合いも今よりもっと濃密《のうみつ》で、ある意味ではおせっかいでもありました。

ところがいつの間にか、周りにそうした人たちがいなくなってしまいました。私自身の経験からいうと、十八歳くらいから三十歳くらいまで、障がい者と関わったという覚えはまったくというほどありません。社会が保護という名目で隔離《かくり》してしまったのでしょうか。

その結果、人口の一五パーセントをも占めることになるという障がい者と話したこともないという人もたくさんいます。しかし、これからは障がい者との接触を避けていられなくなっていくのも事実です。

電車に乗ったりしたとき、大きな声を出して騒いでいる障がい者に出会ったことがあると思います。ほとんどの人は関わりにならないように黙って下を見ているだけです。

しかし、今ではうちの社員たちは電車でそういう人と会ってもまったく驚くことはありません。いつも会って、一緒に仕事をしたり、笑い合って食事をしたりしていると、電車に知的障がい者がいてもごく普通のことになっているのです。

知的障がい者が騒いでもきっと彼らには何か理由があるのだろうということを社員たちはよくわかっているのです。

もし、そういう人がいても、共感の気持ちを持ち、排除《はいじょ》や非難の気持ちは持たないでください。必ず静かになります。理解し、愛情をもって接してみてください。

彼らは健常者と何も変わらない普通の人だとわかるはずです。

知的障がい者よりも大変なのは、メンタル不全などの心の問題を持つ人です。メンタル不全の人は周囲に正しく理解されずに、ずっと社会生活の中で嫌な思いをしながら疎外感を持って生きてきた人が多いのです。会社に入ったとしても、やはり疎外感の中で仕事をし、ついにキレてしまったという人がたくさんいます。

うちの会社にもいますが、私はそうした人も理解しようと努めます。先日もある人が自殺未遂をして電車を止めてしまいました。病院の中にある独房《どくぼう》のようなところに入っていましたが、そこからメールがきます。

「社長、今度は必ず死にますから」といったメールです。

私は「絶対死ぬな」とメールを返します。

彼とは数年の付き合いになります。これまでずっといじめられて、身の置き場がなかったのです。そんな彼を理解してあげる人が必要だと思っています。だから私がその相手になるのです。

この二十大雇用に関わる以前の私の人生の中ではそういう人はいませんでした。しかし、現実にはそういう人がいるのだということから目を背《そむ》けてはいけないと思っています。目を背けることは自分自身で彼らのことを隔離しているのと同じことかもしれないと思うのです。

障がいや病気を理由にリストラをする会社では、企業経営している意味がないとさえ思っています

平成二十三年版の「障害者白書」によると現在国民の約五・九パーセントの七百四十四万三千人の人が障害者手帳を持っていることになっています。そのうち就労しているのはおよそ三十五万人にすぎません。障がい者の九五パーセント以上の人が働けていないのです。

さらに障害者手帳を持っていない障がい者やニート・ノリーター、ワーキングプア、シニア、引きこもりなどを加えると、働けるのに働いていない人の数は二千万人を超えると言われています。

こうした人々は決して働きたくないわけではありません。いえ誰もが働きたいと強く思っているのです。

先日も当グループで社員の募集をしました。

「五〜六年の経験者　年収三百六十〜五百万円」

すると二週間ほどで七百名近い応募がありました。リーマンショック以前に比べて十倍近い応募者です。年収を上げて、管理職という条件にすると、数千人単位の応募者があるでしょう。それほど人々は今、働くことに切実なのです。

大学の新卒者でさえ就職できるのが六〇パーセントです。就労困難者にとってはさらに狭《せま》き門になっているのです。だからこそ私はそうした人たちに手を差し伸べたいと思うのです。

当グループには現在、復職した人も含めメンタル不全の人が百名ほどいます。入社時に二十大雇用の対象者とわかっている人の三〇パーセントを加えると、おそらく二千人中八百人以上が就労困難者だと思われます。

今後、日本の就労困難者はさらに増加していくでしょう。厚生労働省の発表によると、日本人の十五人に一人はうつ病を経験することになるともいいます。

これからの企業経営者は就労困難者と関わりを持たないでおくことはできないでしょう。いつ社員がメンタル不全になるかわからないのです。働き盛《ざか》りの当人にとっても他人事ではありません。障がい者を子に持つ親御さんはさらに切実な問題を抱えていることと思います。

私の会社では障がいや病気によってリストラはしないと明言しています。こうしたことを理由にリストラをする会社では企業経営している意味がないとさえ思っています。そして現実に誰もリストラすることなく、収益もあげています。

次章では、私たちの会社が具体的にどのように仕事を進めていったかを述べたいと思います。

◎第三章◎

障がい者雇用実現のために

創業当初、たまたま雇用することになった引きこもりの青年から始まり、
今や、二十大雇用を目指すまでになりました。
これまで障がい者の雇用実現のために、何もわからないままでしたが、
さまざまな工夫をしてきました。
その結果、社員の意識も、働き方も大きく変わっていきました。
しかも驚くことに、それらはすべてプラスに働いているのです。

創業当初、偶然雇用した引きこもりの青年がいました

ネットワーク・エンジニアを育成して派遣する会社、アイエスエフネットを立ち上げたのは、二〇〇〇年一月のことでした。当初のメンバーは私を含めてわずか四人でした。

人材を派遣する会社である以上、早急に人材を確保することが急務でした。しかも即戦力になるエンジニアが来てくれれば申し分ありません。当然、経験者を採用するために募集をかけました。

しかし、当時、エンジニアは売り手市場で、浅草橋の問屋街《とんやがい》の路地裏《ろじうら》にある十坪ほどの会社になかなか応募してくる人はいませんでした。もちろんたまに応募者は来ましたが、とにかく態度のよくない人が多くて閉口《へいこう》しました。平気で遅刻をしてきたり、初対面で年長の私にため口をきいたり、給与や待遇《たいぐう》の話しかしないような人たちばかりでした。私はどうしても好きになれなかったし、一緒に仕事をしてい

こういう気持ちにもなれませんでした。

そんなあるとき会社に電話がかかってきました。

「未経験ですが、精いっぱい努力して技術を身につけます。ぜひ一度やらせてください」

会ってみると、誠実でとても気持ちのいい青年でした。

技術は努力次第でいくらでも身につけられます。しかし、人の性格や気持ちといった人間性はそう簡単に変えられるものではないということに気がついたのです。

「よし、経験があるなしよりも、人間性を重視した採用をしよう」

そう決めた私は、履歴書に書かれたことよりも、面接を大切にする採用を始めました。まず、集まった応募者に採用しますと言ってから、会社の厳しい話をたくさんします。

「仕事中は私用の電話も禁止。うちは勤務中は一分も休めないよ」

「君の格好を見てると元不良みたいだけど、明日からはきっちり勉強してもらうよ。最低月に二、三冊は本を読んで、感想文を書いてもらうから」

そして最後にこう言ってバトンを渡します。

「こんな会社じゃあとても勤まらないと思う人は帰っていいよ」

もちろん帰っていく人はたくさんいました。しかし、自分の意思で残った人は入社後、頑張る人ばかりでした。

そうして採用した社員の中でもとにかく真面目で、一生懸命いえ、文字どおり死にものぐるいで仕事をする青年がいました。へえ、これまでどんなことをしてきたんだろうと興味を持った私は、彼の履歴書を見てみました。すると学校を卒業してから八年ほど、何も仕事をしていないのです。

彼を呼んで、その間、何をしていたのか尋ねました。

「ずっと家にいました。引きこもりだったんです」と正直に答えてくれます。

「ここをクビになったらもう二度と就職できないと思って仕事をしていました」

そのとき私は確信しました。「いくら優秀でもマナーや人間性に難のある人よりも、前向きでやる気のある人や障がい者のほうがよほど素晴らしい。そういう人たちと仕事をしていきたい」と。

思えば、現在私が行っている二十大雇用につながる雇用が、このときからすでに始まっていたのです。

障がい者雇用第一号からハーモニー立ち上げまで

引きこもりだった青年を偶然雇用したこともあって、障がいのある人たちを雇用したいと考えるようになりました。初めて障がい者の採用で募集をかけたのは創業して二年が過ぎた頃でした。ハローワークにも募集を出しました。

すぐにでも応募があるだろうと思っていたのですが、いくら待っても一人の応募者もありません。そのまま二年が過ぎましたが、その頃にはなぜ応募してこないのか、何となくわかるようになっていました。

当時、障がいのある人の就労先は印刷業や清掃業、飲食関係がほとんどでした。IT企業への就職に不安を抱くのは当然でしょう。その上当時の当グループは従業員数十名の零細《れいさい》ベンチャー企業でした。そんな会社に就職して大丈夫かという思いもあったでしょう。

当時は養護学校を卒業したら授産施設に入るというのが、親の望む一般的な道でした。授産施設とは「心身に障がいがあり、一般企業に就職することが難しい人が、自立した生活を目指して働く施設」のことです。授産施設はよほどのことがないかぎり潰《つぶ》れることはなく、たとえ給料は少なくとも、親からすれば安心して働かせることができるところです。

そんな授産施設を辞めさせて、厳しい社会で活動している零細企業で子供を働かせることに、とても高いハードルがあったのです。

その後、偶然に知り合った養護学校の先生の紹介で当グループに障がい者が初めて入社したのは二〇〇六年のことでした。

そして二〇〇八年には特例子会社アイエスエフネットハーモニー（以下「ハーモニー」）を立ち上げます。当グループにおける特例子会社設立の目的は、自治体・学校・家族の連携です。特例子会社とは「障害者雇用促進法の四十四条、四十五条に基づき親会社が障がい者に対して配慮し、一定の条件を満たすことで厚生労働大臣に認可される子会社」のことです。

これは当グループで働く障がい者のある母親の言葉から生まれました。

「息子を受け入れていただき感謝しているのですが、同時に、息子が会社で孤立して自信をなくしてしまわないかも心配です。知り合いがある会社の特例子会社で働いていますが、周りも障がい者ばかりで、いろいろ配慮もしてもらいやすいようで、そういうところで働けるともっと安心です」

こうして生まれたのがハーモニー、七人の障がい者とともに船出をしました。いえ、ここでは彼ら、そして彼女たちを障がい者とは呼びません。「フューチャー・ドリーム・メンバー」(Future Dream Member)、つまり「未来の夢をともに実現するメンバー」という思いを込めて、「FD」メンバーと呼ぶことにしました。

まずは誰にでも任せられる仕事を切り出すことからスタートしました

ようやく障がい者の雇用を実現しましたが、それと同時に必要となってくるのは、彼らの仕事を確保することでした。仕事は決して降って湧《わ》いてくるものではありません。

そのためには以前から行っていた「仕事の切り出し」をすればいいと、考えていました。

これは育児休暇《きゅうか》をとっていた女性が十人戻ってくるという年があり、もともと彼女たちの仕事を作らないといけなくなったために考え出したものでした。

赤ちゃんを育てながら女性が仕事をするのはなかなか大変です。

保育園に送り迎えをするために勤務時間が朝夕一時間ずつは短くなる。その上、子供の熱が出たとか、お腹をこわしたとかで休むことも多くなるでしょう。育児休業取得後に復職した女性たちは、果たして戻ったときに仕事があるのだろうか、あったとしても子育てと両立できるだろうかといったことがとても不安だと聞いていました。そうした彼女たちのために仕事を作らないといけなかったのです。

そのために考えたのが仕事の切り出しでした。

例えばある人の仕事をコア業務とノンコア業務に分けていくのです。もっと簡単に言うと、その人しかできない仕事か誰がやってもそれほど大差のない仕事か、というふうにも分けられるでしょう。

例えば経理でいうと、数字を見て会社に提案しなさいという仕事は人には任せられませんが、伝票の起票や通帳の記帳は人に任せられます。そうした仕事を全部申告してもらうのです。

・重要度が高いか低いか
・緊急性があるかないか
・属人性《ぞくじんせい》があるかないか

といった基準で分けるのです。

そして後者の仕事を彼女たちにしてもらおうと思いました。

さらにこれをポイント制にして切り出した内容によってポイントをつけ、評価にも反映させることにしました。これを当グループでは〝ドリームポイント制〟と呼んでいます。

よーし、これでいけると思って朝礼で発表したのですが、誰もが乗り気ではないようなのです。

その理由は次のようなことでした。

例えば、経理、総務、人事というのは一日、一週間、そして一か月単位でやることが決まっています。自分のペースもあるでしょう。これを崩《くず》されるのが嫌なのです。あの人はあんな仕事しかしていなかったんだとわかってしまうのも嫌だったのでしょう。しかも楽な仕事をことごとく出してください、その楽な仕事をなくして、難しい仕事、大変な仕事をしなさいとも言っているようなものです。

これを始めたことによって、その直後に二人の社員が辞めたほどでした。

仕事の切り出しの必要を説明するために三人の社長を演じました

そこで私は次なる作戦に出ました。

人事部の女性社員に手伝ってもらって、朝礼のときに三人の社長を演じました。

育児休業後の社員のために仕事を作るというのはあまりに露骨《ろこつ》なので、その女性がうつ病になって一年後に復職したというシチュエーションです。「うつ病はずいぶんよくなりました。しかし、一日二~三時間しか働けません」という診断書を持っての復職です。

まずAの社長。

「なに、八時間働けないだと。そんな社員はいらない、復職は認めないぞ」と怒鳴《どな》ります。

社員たちはなんて冷たい社長なんだといった顔で見ています。

Bの社長。

「お帰り、治ってよかったね、僕もうれしいよ。でも、三時間しか働けないんだって？　切り出された仕事もないし、八時間働けるようになったらまたおいでよ」

言い方は違いますが、A社長と同じことです。

Cの社長。

「一日一時間から切り出した仕事があるから大丈夫。ちゃんと働けるから今日からでも来てください」

みんなうなずきながら聞いていました。

「さあ、この三人の中でどの社長がいい？」と尋ねると、もちろん全員がCと答えました。そこで私はすかさず言いました。

「年末までに十人の女性社員が育休を終えて帰ってきます。しかし、仕事の切り出しがないかぎり、彼女たちの仕事はないんです。辞めざるを得なくなってしまいます」

そこからどんどん出てくるようになったのです。

戻ってきた女性たちにも言いました。

「あなたたちのやっている仕事は、みんなが苦労して出したものです。当たり前にある仕事だと思わないでください」

ハーモニーが活動を開始するときも、このドリームポイント制に再び力を注ぎました。特に育休から戻った女子社員たちのように、この制度によって仕事を切り出してもらった社員が、今度は逆にたくさんの仕事を切り出してくれました。

これによって仕事がうまく循環《じゅんかん》するようになり、社員同士が協力し、助け合うという関係も生まれていったのです。

無駄にしている時間を大事にすることで障がい者雇用は実現します

現在、当グループでは障害者手帳を持つ約七十人の人が働いています。これは全社員の約二・五パーセントで、法定雇用率の一・八パーセントはクリアしています。

しかし、私は五パーセントを目標にしています。というのも現在、日本で障害者手帳を持っている人が全人口のうち五パーセント存在するのです。ならば、社員の五パーセントは障がい者を雇用するのが企業としての責任ではないかと思うのです。

逆に言えば、国が一・八パーセントしか雇わなくていい、ということのほうがおかしいと思うほどです。

それを社員に話すと、深くうなずいてくれる社員もいれば、まだ雇用するのですか、大変ですよ、という顔をする社員もいます。

確かに大変かもしれません。しかしそれを可能にする、とてもシンプルで簡単な方法があります。

仕事中はきちんと仕事をする、これだけです。

なーんだと思う人がいらっしゃるかもしれませんが、果たしてみんな勤務中の仕事をきっちりやっているでしょうか。

五パーセントの人の手助けをするために、社員の仕事時間を五パーセント節約すればいいのです。八時間勤務だとすれば、八時間×六十分＝四百八十分、その五パーセントは二十四分です。

当グループでは煙草《たばこ》を吸うのは一回に三分と決めています。十本吸えば三十分です。しかし煙草を吸うのをやめたら、二十四分は楽々クリアできます。

始業は九時です。タイムカードを八時五十九分に押していれば遅刻ではないのですが、それから着替えたり、用意をしてからデスクにつくのが九時十分になれば、十分のロスです。九時にきちんとデスクについて仕事をスタートさせるだけでも大きな違いが生まれます。

昔、勤務時間中に一人一日十分無駄にしたらどれほど利益が飛ぶか計算したことがありました。その頃は従業員が千六百名でしたが、年間一億四千四百万円の利益を失うことになりました。一億四千四百万円の利益というと経常利益率を一〇パーセントとすると、売り上げにしたら十四億という大変な額を稼《かせ》がなければなりません。

障がい者雇用に大変実績があるエフピコという会社があります。スーパーマーケットなどで使う、食品が入っている透明の容器などを作っている会社ですが、障がい者雇用率はなんと八・四八パーセントにものぼります。

先日その工場に行って、見学をしてきました。ベルトコンベアで弁当の蓋《ふた》が流れてきて、その仕分けをする作業をしていました。

障がい者たちが実に真剣に仕事に取り組んでいる姿を感激しながら見ていました。その工場の責任者の話にはもっと感動したものです。

工場長は大手の会社にいて、六十歳で退職し、この会社に入社したそうです。

「ここに来て、本当にたくさんのことを学びました。中でも……」と話してくれたのは、仮に九時から始まり五時で終業だとすると、障がい者の人たちは九時ぴったりにラインのスイッチを入れ、十二時から始まる昼食のために十一時五十九分五十九秒までオフのスイッチを押さない。午後一時の始まり、五時の終業も驚くほど時間に正確に仕事をするそうです。

ところがその横に健常者も同じ仕事をするラインがあります。彼らは始業から五分遅れてスイッチを入れ、昼食休憩《きゅうけい》の五分前にはスイッチをオフにする。午後のスタートと終業もそうなので、一日二十分もの差がついてくるそうです。

「この差がどれほど大きいか、ここに来て初めてわかりました」と話されていました。

私がいた外資系の会社では、勤務時間中の十四時が最もネットサーフィンをしているという報告がありました。昼食の後、みんなきっと息抜きをしているのでしょう。しかし、そんなことをいちいち管理などできない。それよりも結果を出せばいいんだからという、いかにも外資系の考え方でした。

しかし、それはやはり少し違うのではないかと思います。

「勤務時間中はしっかり仕事をする」

そうすべきだと思うのです。

だから当グループでは私語も、私的メールも一切禁止です。

社員が私語をしていると私は注意します。注意された社員は「なんて堅苦しい会社なんですか」と真剣に言います。前の会社でそんなことで注意されたことはない、と。

そこでエフピコの話をしました。横を向いて無駄話をしていたらベルトコンベアの上を蓋が流れていってしまいます。蓋は目には見えますが、当グループでも無駄話をしている間に目には見えなくとも、流れていってしまう仕事がたくさんあることを忘れてはいけないと話をしました。

「一人一秒のプレゼント」は時間を無駄にするのではなく、時間を大切に使うことでどれだけの人を救えるか、どれだけの雇用を生み出せるかということも教えてくれているのです。

自分にしてもらってうれしいことを、人にもすることが大事です

障がい者を雇用しようと言うだけで部下に任せていたのでは形だけの雇用で終わってしまいます。障がい者雇用を実現するために勤務時間中、私語や私用メールをやめようと口で言うだけで、上に立つ者がいいかげんでは誰も実行しないでしょう。だからまず私自身が休まないと決めました。それを当グループの経営幹部社員全員が知っています。日曜日でさえ私が何をしているかみんなが知っています。朝からずっとメールを送っているからです。買い物に行っている時間さえわかっています。毎週日曜日の二時間、メールが止まるからです。

雇用を作るためにとにかく仕事をするんだ、というスイッチを入れたのです。

ある管理職の人間が昔、私に言いました。彼は会社創業当時からいる社員です。

「この会社は上の人間が働くからたまらない。自分もやらざるを得ないし、下の面倒も見ないといけない」

たとえ休みでも、障がい者や就労困難者から連絡があれば対処しなければいけないこともあるのです。

それも当然の言い分です。だから私は言いました。

「確かにプライベートの時間まで使っているんだから、残業代を払う必要があるかもしれない。でも、一つだけ言わせてほしい。君が新入社員の頃、日曜日の夜七時頃、僕の携帯に電話してきたのを覚えているか？　あのとき僕はどういう態度をとった？」

「僕の悩みを真剣に聞いてくれました。しかもその後きちんと対応してくれました。すごくうれしかったです」

「じゃあのとき、休みの日の夜、携帯にまで電話してくるとは何事だ。俺のプライベートの時間なんだぞと言われてたらどうしてた？」

「とっくに辞めていたと思います」

「なのにお前自身が、プライベートの日の夜に電話してくるなって言う上司になっているんだぞ」

ほとんどの人が、自分にはしてもらいたいことを、人にはしないのです。

逆に言えば、自分にしてもらってうれしいことを、人にもする、これに気がつき、実行することが、とても大事だと思います。それは障がい者雇用の問題だけでなく、人間同士の付き合い方の基本の一つかもしれません。

うつ病対策は会社にとっても社会にとっても、非常に重要な問題です

障がい者の雇用を始めてわかったのは、最も難しいのは知的障がいや発達障がいではなく、うつ病をはじめとするメンタル不全だということでした。

知的障がいや発達障がいは個人の特性がわかれば、弱いところをフォローし、い

いところを生かす方法を考えればいいのです。

ところがメンタル不全はまったく予想がつきません。うつ病や統合失調症、引きこもり歴の長い人は、ある日突然発症し、会社に来なくなってしまうのです。

こうしたメンタル不全の人たちに対して、最初は対症療法を施しました。Challenging Group（後のＦＤＯ）室という部署を作り、ここで戻ってきた人のリハビリをしてもらうことにしたのです。短い時間、ゆっくりと仕事をしてもらい、半年ほどたったら現場に復帰してもらうというシステムです。

ところがこのＦＤＯ室に入る人がどんどん増えていくのです。しばらく休んだ後ＦＤＯ室に入り、そこから現場に復帰するのですが、少しの間勤めた後、また休み、再びＦＤＯ室に入る……この繰り返しなのです。

私がメンタル不全になったとき、医者に行って薬をもらって、症状は少し改善しても、病気そのものは完治することはありませんでした。しかし、勤めていた会社を辞め、自分で会社を興した途端に治りました。つまり、対症療法ではなく、メンタル不全のおおもとを改善しなければどうしようもないことに気づいたのです。

　そこで私たちが始めたのはＵＴ（アンダートップ）会議というものでした。毎週木曜日の朝八時から九時まで本部長以上のスタッフが集まり、一週間の間に起こった軽微《けいび》な問題をすべてあげていくのです。例えば、いきなりミスが多くなった、急に怒りっぽくなった、会社に来なくなったといったことを報告しあうのです。これまで特に問題のなかった人が、急にそうした行動をするようになったら、うつ病などの可能性が高いのです。

　一週間に十人ほどそういう社員が出てきます。そういう社員に対しては決して叱《しか》ってはいけません。自律神経に変調を来《きた》しているかもしれないのです。まずは話を聞き、原因を探ることにしました。本人の不注意なら気をつけるように言えばいいのですが、もし何か嫌なことがあるようなら、病院に行ってもらいました。

　この段階で病院に行けば、ほとんど発症することはないようです。このＵＴ会議を始めてから、当グループではうつ病の発症率が半分以下になりました。

　うつ病は組織であれば必ず一定の割合で起こります。発症率は平均で四・七パーセントという報告もあります。二千人の社員がいれば約九十人がうつ病になるのです。しかもうつ病患者の数は年を追うごとに増加しています。

うつ病対策は会社にとってこれからもっと重要な問題になっていくでしょう。同時にそれは社会にとっても放っておけない問題なのです。

うつ病を経験した社員に話を聞くと、うつ病がリストラや離婚、ＤＶなどの原因になることもあるようです。年間三万人にものぼる自殺者のうち、かなりの人がうつ病だともいいます。

基本的にうつ病の人に不真面目な人はいません。逆に言えば真面目だからこそうつ病になってしまうのです。そういう人を辞めさせてはいけないと思います。

うつ病は回復までに平均一年かかります。回復しても再発することもあります。しかし、当グループではうつ病でも決して辞めさせません。そして今ではほぼ一〇〇パーセントの人が復職しています。

リストラをしないための会社づくり

私は日頃からリストラはしないと公言しています。

それを実現するために「会社は家族、社長は親」という考え方を提唱しました。例えば当グループには五十人の本部長がいますが、彼らの親が私なのです。その五十人の本部長の下にはそれぞれ二十人の子がいます。それは直属の部下ではなく、部をまたいで家族を構成しています。家族同士は徹底してコミュニケーションをとります。でなければ何かあったときに守ろうという感情が生まれません。

こうした家族、親子関係で組織を守ろうとするのがコア制度です。

もっとわかりやすく説明しましょう。

ラーメン屋があります。評判がよくて忙しかったので、五人のアルバイトを雇って営業しています。ところが客に飽きられてしまったのか、最近は売り上げが大きく落ちてしまったので、アルバイトの店員に辞めてもらいました。「このアルバイトがなくなると学費が払えなくなってしまいます」と言う人もいます。しかし社長は言います。「それは大変だな。でもうちも売り上げが落ちて給料を払えないんだ。ほかを見つけてくれ」

ラーメン屋に限らず、世間では頻繁《ひんぱん》に起こっていることでしょう。

もう一軒は家族でやっているラーメン屋です。売り上げが落ちたらどうするでしょう？　仕方ない、お前辞めろ、というのではなく、自分はもちろんのことみんなの給料は下がるけれど我慢して頑張ろうとするのではないでしょうか。誰か一人がうつ病になったとしたら、先の店では「そうか、元気になったらまた応募してくれ、空きがあったら手伝ってくれ」と言うでしょう。しかし、家族なら追い出すのではなく、守ろうとするでしょう。親が寝ないで看病《かんびょう》するでしょう。

コア制度というのはそういうものなのです。収益が悪くなったから切る、のではなく親がまず働く、親が守る、そういう制度なのです。

だから私は五十人の自分の子に、もし収益が下がって大変になっても、誰も切らない、そのかわりみんなの給与を少しずつ下げようよという話をしてきました。例えば一年間で三十六万円給与を下げて利益が上がったら、その翌年から十二万円ずつ三年間で返していくようにしよう、何があっても雇用が大切なんだと話してきました。

リストラをすれば、その後は何も残りません。しかし、減俸《げんぽう》をしても雇用を継続できれば後からその補てんはどのようにでもできるし、何よりも絶望をつくらなくてすみます。

そういう考えが社員に浸透《しんとう》していると感じた経験がありました。

リーマンショックの少し前です。会社の収益が大きく下がったことがあったのです。そのとき全社員から減俸の賛同書をもらったのです。それもわずか三週間で集まりました。

その話を取引銀行の方にしたところ、会社にとってそれほど素晴らしい財産はないと感心されたものです。

当グループでは社長と社員の間に単なる利害関係ではなく、家族間にあるような信頼関係があるのです。二十大雇用によってさまざまな人が働いていますが、リストラはしないと宣言しています。それだけで働いている人たちはメンタル面でとても落ち着きを持っていてくれるのではないかと思います。

できるようになるまで千回でも言います。そして一ミリでも伸びればいいと思います

「あの社員には何度同じことを言っても間違えてしまうんです。どうすればいいでしょうか」

どこの会社でも交わされる会話だと思います。あるいは社員を「息子」と置き換えてもいいかもしれません。

当グループでは障がい者をはじめとする就労困難者が多くいるので、他社よりもたくさんそういう声を耳にしていることでしょう。あるいは障がい者の親御さんからもそういう質問をされます。

そんなとき私は必ず尋ねます。

「何度言ってもというのは、何回くらい言ったんですか」

「十回も二十回も」

「それじゃあ足りません。二十回で駄目なら百回言えばいいじゃないですか。百回

でも駄目なら千回言えばいいんですよ」

これは決してたとえではなく、私は本当に千回言います。社員に嫌がられるほどしつこいのです。同じことを何度も言う。メールでも伝える。改善されるまでやります。

当グループには重度の障がい者もいます。どんな障がい者も本人の意思があれば必ずできるようになるのです。そのために教えるほうもあきらめずに何度も何度も教え続けなければいけないのです。

すぐにできるようになる人もいるでしょう。しかし、ゆっくりと覚えていく人もいます。最初は伸びたけれど、そこから伸びない人もいます。いろいろな人がいるのです。

千回言えば、絶対に伸びます。その伸びは一ミリかもしれないし、十センチかもしれません。多くの人は一ミリしか伸びていないじゃないかと叱るかもしれません。でも私は一ミリでも伸びていればいいと思います。

息子が高校二年生のときのことでした。妻がものすごい勢いで息子を叱っていました。どうしたのか尋ねると、中間試験で赤点をとったと言って怒っていたようです。

「何点だったんだ?」

と息子に尋ねました。

「三十五点だった」

「前のときは?」

「二十五点」

「そうか、よく頑張ったな」

妻はまだ赤点だと言って怒りますが、私は一点でも上がっていたらほめてあげたいのです。

ただ私は八十点とっていたのが七十九点になったら叱ります。それは努力していないということだと思うからです。

それは会社でも同様です。すでにお話ししましたが、現在、当グループでは約五十人の本部長がいます。私はその五十人の部下の能力をほとんど把握しています。

そして伸びているかどうか細かくチェックします。ほんの少しでも伸びていればいいのですが、まったく伸びていないと「お前、何やってた？」と叱ります。叱るのは、その人が努力して一ミリが二ミリ、二ミリが三ミリというふうに伸びて、将来は役員になってほしい、社長になってほしいと思うからです。

障がい者に対しても一ミリでも伸びているかぎり、私は根気よく教え続けます。千回言って教えます。それが今では会社のイズム＝主義になっています。就労困難者の教育のためには、こういうイズムがとても大切だと思います。

ほめることは素晴らしい力を生みます

当グループでは社内、社外を問わず、頑張った人たちをほめるという取り組みをしています。毎月集計、投票をして最も高い評価の人をその月の大賞として表彰するのです。

その結果はネット上でも発表され、いつでも誰でも見られます。

例えば「四月ほめーる大賞」は経営情報本部のDさんでした。

＊

「ほめーる内容」
一つひとつの仕事の精度が高く、また、
ユーザーからのお問い合わせに対しても
真摯《しんし》に対応し調査も
ていねいに潰《つぶ》し込みをしており、
確実な対応をいただいております。

中国とのやり取りについては、
今は別の担当者となりましたが、
初期の担当として
言葉の違いに苦労がありながら、
お互いが理解できるまで

何度でも根気強く説明をし、
双方によい関係を築いてくださいました。
iPhoneの番号検索についても
要求に対して迅速《じんそく》に実装《じっそう》くださり、
ありがとうございました。

＊

いくつになってもやはりほめられることはうれしいものです。仕事の励みになるし、モチベーションも上がるでしょう。

「ほめーる大賞」だけでなく、上司も部下のいいところを積極的に言葉にしてほめるよう心がけています。ほめるためにはきちんと観察していなくてはいけません。その結果、上司と部下の関係もよくなっているように思います。

ほめることの大切さをより強く実感するのは障がい者たちと接するときです。彼らのいいところやうまくできたときなど、ほめてほめて徹底的にほめるのです。すると彼らは確実に伸びていきます。

先日も中野のハーモニーに行き、昼食を一緒に食べました。私の横には知的障がいの笹本君と自閉症の男性、前には重度身体障がい者とボランティアの学生たちがいました。みんなで冗談《じょうだん》を言い合ったりしながらの食事がすむと、「では社長のほめーるをはじめまーす」と声をかけます。そして、全員をほめるのです。

「○○君、重度の障がいの彼のために棚の荷物をとってくれてありがとう」

「○○さん、廊下のゴミをひろってくれてありがとう」

そしてお菓子などのプレゼントにメッセージカードをつけて渡します。

これを毎月、二年以上続けています。

ほめることで障がい者たちは驚くほど成長します。はじめはお菓子をもらうことが目的だったかもしれませんが、やがてごく自然に人のために何かしようとします。私がこういうことをしていることは社員も知っています。だから社員たちも障がい者に優しくなります。

同時に障がい者たちはカードを家に持って帰り、親たちに見せます。親は自分の子供が人のために荷物をとるようになったと喜んでくれます。子供が大事にされているんだとも感じていただき、互いの関係もとてもよくなっています。

そして私自身もここにきてほめることによって、大きなプラスのエネルギーをもらいます。

ほめることは本当に素晴らしい力を秘めているのだと感じるのです。

大切なのは理と利のバランスをとること。そのために休まないことにしました

最近、障がい者雇用に力を入れている二つの会社の社長が立て続けにやってきました。一社は倒産寸前、もう一社はすでに倒産していました。

二人の社長は、ともに障がい者雇用に関して熱く理想と夢を語られました。それは素晴らしい話でした。しかし、利益は出ていないため、結局、障がい者たちには給料も払えず、クビにせざるを得ない、何とか助けてほしいという話でした。

私はじっくりとお話を伺った上で、丁重にお断りしました。どう考えても再生は不可能だと思ったからです。

私はよく言うのですが、口でいくら素晴らしいことを言っても、給料を払わなかったら、全員辞めていくのです。なぜなら、会社というところは生活の糧《かて》を手にするところだからです。社員たちもちゃんと給料をもらった上で仕事を通じて素晴らしい体験をし、自己成長していくというのが理想ではないでしょうか。社員だって当たり前の責任を果たさない社長の言うことなんて絶対に聞かないと思います。

私がそう言うと、逆にショックを受ける社員もいるようです。「いえ、私はたとえ給料をもらわなくても会社のため、社長のために頑張ります」と言う社員もいるかもしれません。

「しかし、私が給料払わなくなったら、何か月我慢できる？　奥さんもいるだろ？子供もいるだろ？　たとえお前はよくても、奥さんや子供はどうするんだ？」

それが現実なのです。

創業時、給料のことでとてもつらい思いをした経験があります。当時、まずは人を育ててから会社に派遣するということをしていたため、いつもお金が足りない状況でした。あの頃、やっと月に十六万円ほど払えていたでしょうか。

社員の結婚式があり、出席すると、親御さんからいつも言われたものです。

「社長、息子も結婚して子供も持つでしょう。もう少し給料を上げてやってもらえないでしょうか」

払いたくても払えない、そう言われるのがつらくて、結婚式に出たくないと思うことさえありました。

マズローの法則というものがあります。自己実現の理論を五段階に分けて説明するのですが、いちばん下にあるのが生理的欲求です。まずは衣食住を満たす。つまりお金、給料です。給料が十分でないと自己実現や社会貢献などできないということです。

給料が安いと、誰も言うことなど聞いてくれない、それどころか心が荒《すさ》んでくるのです。

私が障がい者を雇用しながら、いつも思うのは理と利のバランスです。

つまり理想と利益のバランスをとるということです。障がい者を雇用しながらきちんと利益も出す、きちんと社員に給料を出さなくてはいけないのです。

もちろんその方法も大事です。

ある農場を経営していた人が障がい者雇用で内閣総理大臣賞をもらったことがあります。ところがその会社は障がい者に対する最低賃金の適用除外を申請《しんせい》し、とんでもなく安い給料で、軽度の知的障がい者を働かせていたのです。これではやはり何の意味もないことは明白です。

会社を生かすために障がい者を傷つけてはいけないし、会社を殺せば障がい者の雇用も奪ってしまいます。大切なことは彼らにやりがいのある仕事をしてもらいながら、利益も出すこと。それが理と利のバランスだと思います。

それを実現するために、私は休まないと決めました。事実、私はほとんど休んでいません。休まないけれど、楽しいので疲れないし、元気でいられるのです。

そして休まないで毎日働いていると、感性が研《と》ぎすまされるのか、あらゆることに敏感《びんかん》になり、アイデアが湧き、何でもトライしてみようという気になってくるのです。

会社のトップである私が猛烈《もうれつ》に働くと、それが幹部へと伝播《でんぱ》し、さらに二千人の社員も集中して真剣に働きます。つまり、私一人が頑張れば×二千になり、ものすごい効果になるのです。

中途採用者には会社の方針をきちんと説明することも大切です

ハーモニーが発足し、二十大雇用も始まり、私自身、張り切っていたのですが、一つだけ頭を悩ませる問題がありました。中途採用者で辞めていく人がけっこう多かったのです。

どうして辞めるのか尋ねたところ、障がい者にいろいろ教えながらやるなんて思ってもみなかったと言う人がいたり、仕事中の私語を禁止されて堅苦しくて仕方なかったという人もいました。もともと会社の案内には二十大雇用をしていますといったことが書いてあっても、ほとんど誰も読んでいないことがわかったのです。

新卒者は先入観のないところからスタートしているので、会社というのはこういうものかとすぐになじんでいきます。しかし、他の会社を知っている中途採用者は、「とてもやってられない」と言って辞めていくのです。

あるとき、中途採用者を三人入れることになり、説明会がありました。候補者の百人に私が話をすることにしました。「会社の説明をする前に話しておきたいことがあります」と言ってまずは「一人一秒のプレゼント」を読んだ後、話を続けました。

「今のうちにははっきりと言っておきます。うちには重度の障がい者もいれば性同一性障がいの人もいるし、うつ病の人もいます。内勤の社員の半数近くがそういう人なので、最初は違和感を覚えるかもしれません。

私はそれを我慢してほしいというだけではなく、その人たちのことを手伝ってほしい、コミュニケーションをとり、理解しあって、いいところを引き出し、伸ばしていってほしいのです。それが嫌だという人は今のうちに帰っていただいたほうがいいと思います。

ただわかってほしいのはうちの会社が変なわけではないのです。今世の中に千五百万人ほどそうした人たちがいるのです。しかし、障がいを隠していて気がつかなかったり、会わないようなシステムになっていたりするだけなのです。本来なら私たちはそうした人たちとも普通に接しながら生きているはずなのです。その縮図《しゅくず》がこの会社かもしれません。

そういう人たちと接して、一緒に仕事をしていると、不思議と何とも言えない安心感や喜びがあることに気がつくでしょう。本当はみんな助け合いたいのです。最初に読んだエッセイのように、一緒に汗をかいてくださる方に働いていただきたいと思います」

そんなふうに一時間近く話しました。するとなんと辞退者はたったの一人だけでした。九十九人がぜひ一緒にやらせてくださいと言うのです。

そうはいっても、やはり最初はきっと戸惑《とまど》うでしょう。しかし、わかって入ってきた人はすぐに慣れるようです。今ではやりがいを感じながら仕事を続けてくれるようになりました。

自殺すると言われたら、私は駆けつけます。それも会社の仕事なのです

二十大雇用をしていると大変なこともたくさん起こります。決してきれいごとではすまないのも事実です。

例えば、社員の募集をするとものすごい数の人から応募いただきますが、皆さんを雇用できるわけがなく、お断りしないといけない人もたくさん出てきます。そうすると大変な勢いで怒り出す人がいます。

「なんで僕を雇わないいんだ！」

「口ではいいこと言ってるが、やっぱり障がい者だから雇わないいんだろ」

などといったことを言われたことも一度や二度ではありません。

あるいは執拗《しつよう》に嫌がらせのような電話をかけてきたり、ツイッターなどへの書き込みもかなりあります。

採用担当の人間などはへこむこともあるようです。

ＨＩＶの人も雇用していますが、社員の中には気持ち悪いから辞めますという人もいます。障がい者の面倒を見るのが嫌だという人もたまにいます。そういう人ほど、入るときに問題があってどこにも就職できなかった場合が多いようです。当グループに来てスキルを身につけると、自分目線になってしまうのでしょうか。

あるいはメンタル不全と発達障がいの人の問題もあります。

彼らの中には凶暴性《きょうぼうせい》のある人もいて、いきなり怒り出したり、ものを投げたりすることもあります。多くの会社でメンタル不全の人を採用したがらないのは、トラブルにつながるようなことが度々《たびたび》起こっているからです。しかし、現実には、犯罪率からいうと健常者のほうがずっと多いことを忘れてはいけません。

いずれにしろ、企業は今後さらにさまざまな問題に対処していかなくてはいけないでしょう。ＷＨＯの発表によると人口の一五パーセントが、つまり社員の一五パーセントが何らかの障がいを抱えていることになるのです。なのに、メンタル不全になったからといってかたっぱしから切り捨てていくのでしょうか。障がい者の面倒を見るのは嫌だなどと言っていられなくもなるでしょう。あるいは自分自身が面倒を見てもらわなくてはいけなくなることだって十分にありえます。

「自殺する」と私のところに連絡がきたら、「絶対死ぬなよ、お前のことが本当に大事なんだから」と言って私は駆けつけます。そういうことも会社の仕事に含まれていると思っています。

一五パーセント、つまり二十人に三人という数字はもう企業にとっては避けて通れない数です。だからこそ今のうちに障がい者の雇用についてもっと真剣に考え、将来のことも見据《みす》えて対処していかなくてはいけないと思っているのです。

◎第四章◎

障がい者雇用は会社と親の二人三脚

何も知識がないまま障がい者雇用を始めたとき、
その親御さんと何度も衝突をしました。
「自立してほしい」という思いは同じなのに、なぜ衝突するのか？
親と何度も話し合い、会社と本人と、そして親の三者が足並みを揃えて
初めて障がい者雇用が実現するのだとわかったのでした。

親は自立させたいと言いながら、厳しくしつけをすると、いじめないでほしいと言いました

当グループに入社した社員といくつか約束をしますが、中でも私が大切にしているのが挨拶《あいさつ》をきちんとするということです。

「挨拶なんて誰だってできるでしょう」

と言われるかもしれませんが、何かをしてもらったとき、「ありがとうございます」と自然に言葉が出る人は意外と少ないものです。

挨拶は人間関係の基本で、それができない人にいい仕事ができるわけがない、と私は思います。だから挨拶に関してはかなり厳しく言います。

それは障がい者に対しても同じです。ハーモニーを始めたときの訓練の第一歩は「挨拶をきちんとする」を目標としました。

というのも最初に集まった七人のメンバーたちの表情は硬く、挨拶どころか、ず

っと下を向いて人の顔をまともに見られないメンバーさえいたからでした。

そこで朝と午後の仕事が始まる前に、六つの挨拶を全員で声を合わせて練習するのです。

「おはようございます」

「こんにちは」

「いらっしゃいませ」

「いってらっしゃいませ」

「おつかれさまです」

「ありがとうございます」

しばらくすると親御さんから「どうして挨拶の練習なんてさせるんだ」というクレームの電話がきました。

メンバーも家に帰って言っていたようです。

「会社で挨拶の練習ばかりさせられて、嫌なんだ」

私たちは、会社での基本、いえ、生きていくための最低限のルールを教えているつもりでしたが、親にすれば「子供が嫌がっているのに、無理にやらせるなんてなんて愛情がないんだろう」と感じていたようです。

親も会社もメンバーたちに自立してほしいという、その気持ちは同じです。私たちは自立のために何度も練習をさせて、うるさく言う。親は親で自立させたいと言いながらも、あまり厳しくしないでほしいと言う。

自立とは、親の目線で決められるものではなく、社会の目線で決められるべきものなのです。もちろん家でもきちんと練習しているメンバーもいました。当然そのメンバーはすぐに挨拶できるようになってきます。ほめるとさらに練習してもっと上手になります。

うまくできないメンバーにはより一層厳しく練習させるのですが、それがまたプライドを傷つけてしまうのでした。障がい者は特にそういうことに敏感なのです。できないからやらない、家でも練習をしない、だから余計にできなくなります。そして親には「あんな会社嫌だ」と言うのです。

希望に満ちた障がい者雇用の船出でしたが、いきなり大きな問題にぶつかったのでした。

親と徹底的に話し合うことはとても大切です

会社で挨拶の練習をさせるということに関して、十人の親がいれば二人はどうしてそんなことをさせるのかと言いました。

「あんなに厳しく挨拶の練習をさせなくてもいいのではないですか」

「まるで軍隊みたい。うちの子にあんなことをさせるなんてかわいそうで見ていられません」

社員の親と接触する機会はなかなかありません。しかし、障がい者、特に知的障がい者の場合は親と認識を合わせた上で雇用しなければ駄目なのではないかと気がついたのです。子供が自分で判断できないため、親が子供の発言や様子を見て判断するのでしょう。そこで私は親御さんと徹底的に話し合うことが必要だと思いました。

「わかりました。でもお子さんは自立できなくていいのならそのまま連れてお帰りください」

などと、クレームをつける親御さんに言うものですから、なおさらカチンときたことでしょう。さらに私は続けます。

「でも本当に自立させたいのなら、厳しい訓練は絶対に必要なんです。これまでできなかったことをできるようにするのですから。まして障がいがあるのだから、人より時間がかかるし大変なのは当然でしょう。僕たちも真剣に教えます。お母さんたちも泣きたくなる気持ちを抑えて、家でも練習させてください」

クレームがあるたびに何度も辛抱《しんぼう》強く説得しました。

仕方なく練習した親子もあったことでしょう。しかし、一度でも、少しでもできると、その喜びは親にとっても、障がいのある本人にとっても、非常に大きいものです。

例えば朝、「おはようございます」と自分から言えたら、あるいは「ありがとうございます」と自然に口をついて出たら、今度は手のひらをひっくり返したように喜びます。親が喜び、感動してほめる。すると本人たちも得意になってもっとやるようになるのです。

一つ何かができるようになると、ほかのことにも積極的にチャレンジします。整理整頓《せいとん》がきちんとできるようになったり、親の手伝いをするようになったりもします。

成功体験を一つひとつ積み重ねていくことで、社会性がどんどん身についていきます。それにつれてハードルも下がっていくのです。

子供の頃、私は鉄棒の逆上がりがなかなかできませんでした。しかし、手にマメを作って練習し、ようやく逆上がりができた。すると別の技も次々にできるようになりました。ちょうどそれと同じようなことだと思います。

会社と障がい者の親が同じビジョン、同じ価値観を持って進む

ハーモニーでの経験から、特に知的障がい者と発達障がいの人を雇用するときに

は、企業と親が二人三脚でやっていくことが大切だと痛感しました。

企業は学校とは違います。学校は授業料を払って教えてもらうところですが、企業は仕事をして給料をもらうところです。あるいは授産施設とも違います。授産施設の工賃は月に一～二万ですが、ハーモニーのＦＤメンバーたちの平均給与は十三万円です。当グループでは、二〇二〇年には二十五万円にすると宣言しています。

さらに言うと、学校や授産施設とは違って企業が求めるのは社会性です。

先ほどの挨拶の話に戻りますが、家にいるかぎりいちいち挨拶をしなくてもさほど問題はないかもしれません。元気に「おはよう」「ありがとう」と声をかけ合ったほうが気持ちいいのは確かですが、ふだんの家での暮らしの中で、障がいのある子供にそこまで求める親はなかなかいないでしょう。もしいれば、クレームの電話などかけてこないでしょう。

ところが社会に出て会社に入ると、そういうわけにはいきません。例えば喫茶店に入って、店員がきちんと挨拶できなかったら、お客さんは怒って帰ってしまうでしょう。

「なにもあんな挨拶をさせなくても」

と言いますが、それは親の考え方にすぎません。社会では通用しないのです。障がい者の親御さんはよく言います。

「自分がこの子を守ってあげないといけない」

その感情はとてもよくわかります。しかし、その愛情が行き過ぎて、子供の自立を妨《さまた》げていることもあるのです。

社会に出ればつらいこともたくさんあるでしょう。それは健常者であっても同じなのです。健常者の親が「そんなに厳しくしつけないでほしい」と会社にクレームの電話をするでしょうか。

順番からすれば親が先に亡くなってしまいます。そのときには、子供が自立していてほしい、そうじゃなくては死んでも死にきれないと、どの親も思うでしょう。自立するとはその人が自分の意志と力で生きることです。

そのために我々は一生懸命に挨拶から教えているのです。そしてご家族の協力も欠かせません。

このとき、会社と親は同じビジョン、同じ価値観を持っていないことにはなかなか難しいのです。いろいろな個性はあっていいと思います。しかし、価値観が違っていると、ハーモニーの最初の三年間のように、親御さんからのクレームへの対応に明け暮れることになってしまうのです。

しかし、今はクレームなどまったくありません。逆に応援してくれるほどです。新たに入社するＦＤメンバーやその親からのクレームもありません。

なぜなら、目の前にビジョンの見本があるからです。挨拶はもちろんいろいろなことができるようになり、生き生きと仕事をしている障がい者たちの姿が、彼らが立派に自立していることを如実《にょじつ》に物語っているのです。

引きこもりの親の高齢化が大きな問題となっています

これまで私は千人以上の障がい者の親御さんと会って、さまざまなことを話し合ってきました。皆さんが口を揃《そろ》えておっしゃることの一つは、自分が年をとってきたときのことです。

それを痛感したのが、二〇一一年にNHKのクローズアップ現代に引きこもりの就労に力を入れている会社として取り上げられたときのことです。NHKなので会社名は出ていなかったのですが、首からかけていた私のストラップに「ISFnet」と書いてあったそうです。そこから当グループを調べ出して親御さんが電話をかけてきたのですが、その数の多さに驚きました。NHKにもたくさんの電話がかかってきたということですが、親にとってはそれほど深刻な問題だということです。

引きこもりの人は現在七十万人以上いると言われています。その過半数が三十代以上の人で占められているそうです。番組では引きこもり歴二十年になる四十代の男性が紹介されていました。母親は七十代で、年金で息子との暮らしを支えています。自分が死んだら息子はどうやって暮らしていくのか、それを心配していましたが、当グループに電話をかけてきた親御さんもほとんどが七十代で、退職金は使ってしまい、何とか年金で生活しているという状況でした。

当グループでは創業の頃、たまたま入社した社員が引きこもりだったこともあり、以来、引きこもりの人の就労を支援してきました。そして現実に引きこもりだった人が数多く働いていています。

引きこもりは単なる甘えじゃないかと言う人もいます。確かに一割ぐらいはそういう人もいるかもしれませんが、引きこもりの大半は何かしらの障がい（発達障がい、メンタル不全等）が原因となっている場合もあります。

ニートと似ているようですが、ニートは引きこもりと少し違います。ニートは「教育、労働、職業訓練のいずれもしていない人」と定義されていますが、彼らには親とも交流があるし、友達もいるし外出もします。しかし、引きこもりは友達がいないのはもちろん、親とも断絶しています。ほとんど外出もしません。

そして意外かもしれませんが、引きこもりに危機感を持てない人は一人もいないのです。

きっかけはごく些細《ささい》なことが多いようです。大学を卒業したが就職がうまくいかなかったとか、アトピーがひどくて外に出られなかったから、といった理由です。それで十年二十年と、誰にも会わず、誰とも話さず、自分の部屋に引きこもってしまうのです。

もう一つ付け加えると、引きこもりの人の親御さんともたくさん会いましたが、総じて高学歴で、優秀な人が多いのです。校長先生や官公庁の重要なポストにいる人もいました。中には「渡邉社長、うちの息子が仕事をするようになって感謝に堪《た》えません」などと言いながら「しかし今度は息子にこんな仕事をさせてやってくれませんか」などとも口にされます。あるいは息子は親のプレッシャーにもさらされてつらかったのかもしれません。

引きこもりからの救出も親との連携プレーです

当グループでは引きこもりの人の就労支援のセミナーを開催してきましたが、参加者はもちろん親御さんたちです。

引きこもりの人の親御さんたちからもいろいろな話を聞きました。昼と夜が完全に逆転してしまって、何年も太陽を見ていないという子供の話。太陽の光を浴びていないと体にも変調を来します。あるいは酒に走ってしまう子供もいます。酒を飲ませないと怒るものだから言われるままに飲ませていたら、アルコール中毒になったという話も聞きました。

引きこもりは約七十万人と言われていると書きましたが、親も含めると二百万人もの人が引きこもりに悩み、苦しんでいるということになります。

引きこもりの人たちを社会に戻すポイントは、無理やりやらされたというのではなく、まずは自分で外に出よう、その会社で働いてみようと思わせなければいけません。そう決意して、頑張るぞとスイッチが入らないかぎり難しいのです。そのスイッチを入れるための仕組みを作らなくてはいけません。

親御さんには、強くすすめるのではなく、自然に資料を渡していただくようにお願いしています。

「うちの会社の悪口を徹底的に言ってください。引きこもりの就労支援をやるって言うから行ってきたけど、何だか嘘《うそ》っぽくて、あんなところ駄目ね」

そう言って、書類を渡してもらうのです。そこには引きこもりの人同士のやり取りがたくさん書かれています。そして登録すると元引きこもりの人とネットでつながり、コミュニケーションがとれるような仕組みになっています。

ここまでくればかなりの確率で家から出てこられます。人とのコミュニケーションをとることが大きな第一歩だからです。元引きこもりの人とコミュニケーションをとりながら、よし、家を出て働こうというスイッチを入れるのです。

スイッチが入ったら私が理事長をしているNPO法人に来てもらいます。一日一時間から仕事をして、お昼を食べて帰るというところからスタートです。徐々《じょじょ》に会社にいる時間を延ばしていき、最終的には就労を目指します。

NPOに通っている人の半分近くが超一流大学を出た人です。頭がすごくいいのでしょうが、人生のどこかでバランスを崩してしまったのでしょう。やはり健全な肉体と精神がベースにあって、その上に知識がなければどうにもならないということがよくわかります。逆に言えば、知識だけを求めていけば精神が蝕《むしば》まれていく場合も多々あるのではないでしょうか。

当グループで引きこもりの人の雇用の取り組みを始めたのは二〇一〇年のことで

す。今では約三十名の元引きこもりの人が働いています。みんなほぼ毎日出社していいます。

東京本社では二十大雇用が進んでいるため、何らかの障がいを持っている人も多く就労しています。知的障がいの人もいれば精神疾患の人もいます。そういった人たちへの理解が社風としてあるので、彼らにしても遠慮《えんりょ》することなく働けると言います。

会社には症状の重い人もいらっしゃいます。そういう人たちが懸命に仕事に取り組む姿を目にすると、自分なんてまだ軽いほうなんだ、頑張らないといけないとスイッチが入ることもあるようです。

当グループには十二年間、引きこもっていた人が働いています。学校の先生をしていた母親が六十歳のときに引きこもったそうですが、最初、母親が相談に来たとき、彼女は疲れきった表情をしていました。それはそうでしょう、十二年間引きこもっている四十歳の息子が、母親の年金で生活しているのですから、希望を持てないのもよくわかります。

引きこもり歴十二年の四十代の男性、これは難しいかなとは思いました。しかし彼女の苦悩を目にすると「やってみましょう」という言葉が口をついて出ていました。

結局、うまい具合に彼のスイッチが入り、今では情報システム部でごく普通に働いています。ある日、母親が挨拶にみえました。

「あの子が毎日、スーツを着て働きに出ているなんて夢のようです」と言ってとても喜ばれていました。

私はそのお母さんの変わりようにも驚いたものです。晴れやかな顔でおしゃれをして、髪など紫色にカラーリングしていました。それはそうでしょう、毎日、暗い顔の息子と顔を突き合わせていた上、息子の将来を考えると精神的にも落ち込むばかりだったと思います。ところが息子が働きに出ることで自分の自由な時間ができたし、息子の将来の不安も消えたのです。

若返った母親を見て、本当によかったなあと思ったものでした。

ご家族と語る会から生まれた障がい者雇用のピラミッド

現在、日本の障がい者の企業就労において一年間に辞めていく人は約四〇パーセントにものぼります。つまり狭き門を通りようやく就職しても、十人に四人が辞めてしまいます。しかもその離職に何かしら親が関与しているケースが大多数です。それはハーモニーをスタートさせたときも実感しました。

「あんな厳しく挨拶の練習ばかりさせて、とんでもない会社だ。とてもうちの子供を預けていられない」とすぐにも辞めさせるような口ぶりの電話が何回もあったからです。

こうした経験から、障がい者雇用には家族の理解が欠かせないと痛感した私は、「ご家族と語る会」を作りました。ハーモニーのことをもっとよく知っていただくために、ＦＤメンバーのご家族や当グループの社員でない、障がいのある方の親御さんをお招きして、現場を見ていただいたり、私やスタッフと話をする会です。そ

障がい者雇用の新しいピラミッド

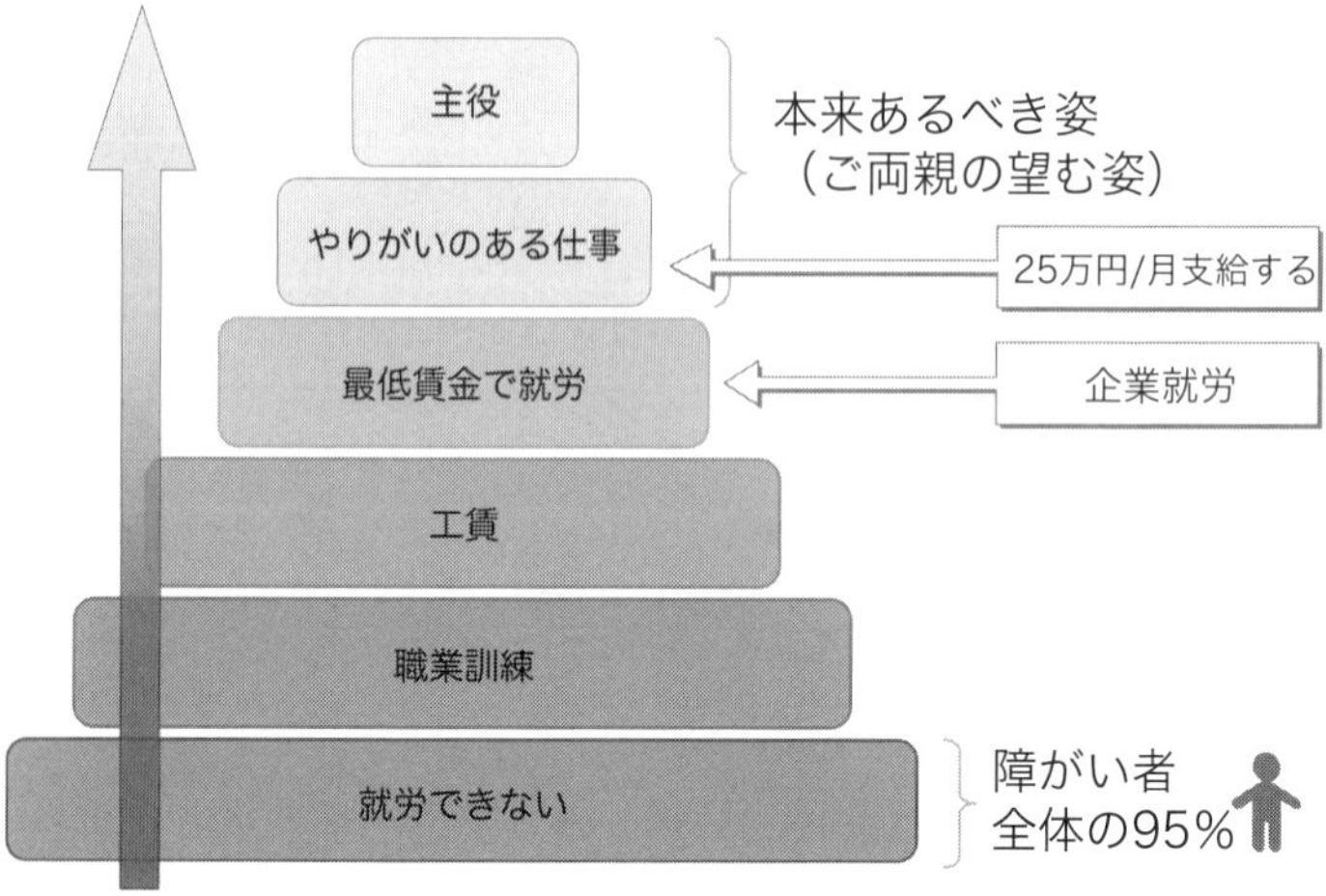

のかいあってか、ハーモニーの離職は、創業以来、本人のやむを得ない理由による二名のみです。

私自身もＦＤメンバーの親御さんたちと話をして実にたくさんのことを考えさせられました。障がい者のことはほとんど親御さんたちとの話から学んだと言ってもいいかもしれません。

そんな親御さんとの会話から生まれたのがピラミッドの図で、障がい者雇用の現状と理想の姿を表しています。

障がい者雇用の現状は下から四段目までです。数字でいうと、就労できない人が実に九五パーセントを占めています。

職業訓練を受けている人は二パーセント。つまり働けているのは三パーセントにすぎないのです。

工賃で働いている人は二パーセントです。「工賃」はいわゆる授産施設と言われるところで支払われるもので、国や地方自治体からの援助があります。ここでは生活指導と作業指導が行われ、作業によって収益をあげると工賃が支払われるのです。工賃は通常の労働によって支払われる給料とは違い、収益をあげた場合に支払われる配分金のようなものです。その額は一万円から二万円といった程度です。

一方、障がい者の親はバスでの送り迎えや施設の利用料、食事代など、施設にお金を払います。それも一万円から二万円。

つまりお金を払って働かせてもらっているところがほとんどです。それでも一日家にいて何もしないでいるよりも授産施設で何かしてもらっていたほうがいいと、親は思うのです。

「ご家族と語る会」でこんな話をよく聞きます。

「健常者の子供なら高校を卒業したら、親はここまでようやく育てたとほっとして喜ぶでしょう。しかし、障がい者の子を持つ親は明るい気持ちではありません。なぜだかわかりますか？　学校を卒業するということは、この先社会に家以外の居場所が確保できなくなるということです。子供の将来の展望が描けずに家族は不安になるのです」

しかし、お金を払ってでも授産施設に行ってくれれば、少なくとも、親に自由な時間ができ、働きに行くこともできるのです。自分が働きに行けば月に二十万円くらいは稼げる。ならば二〜三万円払ってでも授産施設に行かせるでしょう。働きに出ればいろいろな人と話をしたり、カフェに行ったりもできる。夜までみてもらえるところもあるので、たまにはお酒を飲みに行ったりもできるのですから。そして土日だけ子供と一緒にいる、そういう親子はかなりいるようです。

授産施設は国や自治体からお金が出ている、いわば福祉の世界です。だからすごく優しいし、親からすれば安心でもあります。

なぜ優しいのか、それは障がい者がいてこそ職員たちの給料も出るからです。福祉の基本は〝幸福に暮らすこと〟です。だから、厳しさはありません。仕事ができないからといって厳しく注意をすることもありません。とても居心地がいいかもしれませんが、その結果、年をとっても自立することが難しいのです。

私が問題だと感じているのは、すぐにでも働ける障がい者が福祉施設にいて、そして彼らがその福祉施設の運営に役立っていて、それが自立を妨げているという事実が現実にあることです。

それに気がついた親御さんが次に目指すのは、障がい者雇用の現状の頂上、一般の企業への就労です。数とすれば一パーセント、百人に一人という実に狭き門です。最低賃金でも東京都の場合、現在八百三十七円で、一か月働けば十三万円程度にはなります。しかし、ここでもいくつか問題があります。

従業員が五十六人以上の企業の法定雇用率は一・八パーセントです。まず企業は軽度の身体障がい者から雇用しようとします。例えば心臓にペースメーカーを入れている人とか左手だけが少し動かないとかといった人です。そういう人たちはまず大企業が雇用してしまいます。

しかし、「心臓にペースメーカーを入れている人」とか「左手だけが少し動かない人」は企業にとっては障がい者ではありません。働くという点では健常者と変わらないのです。

次に「働くことに多少難がある人」を雇用しなくてはいけません。でなければ、一人あたり月に五万円の納付金を支払わないといけません。さらに何度も指導、勧告が入っても改善が見られない場合は、社名が公表されます。公表されると悪質な企業というイメージがついてしまうかもしれません。株価にも影響するでしょう。ですからとにかく雇用するのです。

さて、法定雇用率を何とか達成したのはいいのですが、今度は何の仕事をさせるかということが問題になってきます。何かの仕事をさせようとしたら、三人に一人の割合でサポートする人をつけるのが理想であると言われています。だからサポートのあまり必要ない仕事や、机の掃除やシュレッダーで書類の処分をさせる程度なのです。

中には大学まで出て、普通の頭脳を持っている人もいます。発達障がいなら、感情の表現が下手なだけで、誰よりも素晴らしい頭脳を持っている人もいます。そういう人にその頭脳に見合った適切な仕事をさせないというのは本人にとっては耐えられないことでしょう。

それでも子供たちは親の期待もあるので頑張ります。しかしそんな我慢が長く続くはずはありません。結局は辞めてしまいます。

その結果、企業に雇用された障がい者の一年間の離職率は四〇パーセント、つまり、一年間で百人のうち四十人が辞めてしまうのです。辞める理由の多くは企業が障がい者に対して理解を十分にしていないことなのです。

会社が障がい者の個性を収益に結びつける発想

「お母さん、自分の子供に障がいがあるとわかったときはどういうふうに思われましたか」

そんなふうに聞くと、たいていのお母さんは涙を流します。「どうして障がいを持って生まれたのだろう。私の責任だ」と、自分を責めるのです。本当に死にたくなるような思いだといいます。子供が学校にいる間はまだいいとしても、卒業が近くなってくると、将来のことを考え、再び自分を責めます。社会が受け入れてくれない現実に直面し、「私が産んだせいで、この子の人生を台無しにしてしまった」と思うのだそうです。

そして最後に行き着くのは「私が死んだらこの子はどうなるのだろう」という暗《あん》澹《たん》たる思いです。

当グループに入社したＦＤメンバーの親御さんたちは、最初はとても謙虚で、多くのことを会社には要求しません。

「もう本当にここで働かせていただけるだけで十分です」

しばらく働くと「もう少しお給料を上げていただけるともっとうれしいです」と言います。

最後は「私が死んだ後もこの子が生きていけるよう、よろしくお願いします」とまでおっしゃいます。

それは当然の言葉です。どの親も、子供のことが大好きで、かわいくて、心配で仕方ないのですから。健常者の親がそうなのですから、障がいのある子の親なら余計にその思いは強いでしょう。

だから障がい者雇用のピラミッドを作ったときも、「最低賃金で就労」だけではなく、雇用の本来あるべき姿として二つの層を加えました。「最低賃金」から「やりがいのある仕事」にステップアップするには、本人の強み、個性、得意なことを生かした仕事を見つけなくてはいけません。

それには時間がかかるので、企業はなかなかやろうとはしません。企業は即戦力となる人間から雇うということが大原則になっているのです。ましてや障がい者の訓練には健常者より時間がかかることが多いのです。

しかし私は考え方次第ではないかと思います。

大学生の新卒者の離職率が三年で三〇パーセントにものぼります。それなりの給料を払っていても三年やそこらで次々と辞めていかれるよりは、障がい者に最低賃金で二年間、自分に合った仕事を見つけ、訓練して身につけてもらう。そしてその人に何十年と働いてもらったほうが本人にも会社にも素晴らしいことではないかと思うのです。

このときに必要なのが親の協力です。とにかく子供のいいところ、得意なことを私たちに教えてもらうのです。本当に割り箸をきれいに割るのが得意、ということでもいいのです。

一般的に考える企業、あるいはビジネスの場で必要とされることはそれほど多くはありません。コミュニケーション能力、スキル、語学、専門能力、経験といったところでしょうか。仕事ができないかぎり、それ以外は笑顔がどんなに素敵でも駄目、字がうまくても下手でも関係ない、食べるのがどんなに早くても駄目、どんなに素直な性格でも仕事ができなければそんなこと関係なし、なのです。

しかしそれはとても変なことだと思います。会社が単に楽をしているだけではないかと思います。人によっていいところはたくさんあるのです。何か一つできないことによって、すべてを否定してしまうことは、大切な才能を捨ててしまうことになるかもしれません。ほとんどの人が障がい者は稼げない、戦力にならないとはじめから決めつけてしまっているのです。

当グループでは戦力として活躍している障がい者がたくさんいます。例えば文字があまり書けない女性がいます。しかし計算はものすごく得意です。だから経理業務をしてもらっていますが、健常者とほとんど変わらないパフォーマンスを見せてくれます。人とうまくコミュニケーションができないアスペルガーの社員が、得意な演算能力を生かしてソフトの開発をしています。人とコミュニケーションできないからと彼を排除《はいじょ》していたら、当グループにとって大きな損失だったことでしょう。

これからは会社がその人のいいところを収益に結びつけていくことがとても大事になってくると思うのです。

もちろん障がい者だって主役＝スターになれます

さて、ピラミッドの一番上は「主役」となっていますが、いくら障がい者の親御さんでも「うちの子を主役にしてほしい」とまでは言いませんでした。

障がい者の親御さんは「どんなによくなっても最低賃金での就労かと思うと何だか情けなくなります」と言って涙します。そこでさらにその上を作ることにしたのです。「主役」は私が作りました。

第一章で、スティーブ・ジョブズとエジソンのことを書きましたが、彼らこそ主役、スターではないでしょうか。あるいは、生まれつきの脳性麻痺《のうせいまひ》だったため手足が少し不自由で、言葉もうまく話せなかったアメリカの男性がトップセールスマンとして活躍したという話もあります。日本でも彼の本が翻訳《ほんやく》されていますし、ドラマにもなったのでご存じの方も多いかもしれません。そういう人が世に出てくると、脳性麻痺の子供がいる親御さんがそれを見て、うちの子だってやればできるんだと思うかもしれないのです。

二〇〇九年にバン・クライバーン国際ピアノコンクールで優勝した全盲《ぜんもう》のピアニスト辻井伸行《つじいのぶゆき》さんは今や世界を駆けめぐる活躍をしています。

その演奏はもちろんですが、ハンディを乗り越えて活躍する姿はたくさんの人に希望を与えてくれます。特に障がい者の親にとっては生きる糧《かて》といってもいいほどのスターです。だからこそ私はスターを作りたいのです。

通常、障がい者のほとんどは事務職での採用です。しかし、私は障がい者の営業部隊を作っています。今メンバーが六人いますが、そろそろ実際に仕事が始まるでしょう。その中から当グループのトップセールスマンが生まれるかもしれないのです。

あるいは日本ＩＢＭに勤める全盲の浅川智恵子《あさかわちえこ》さんという方がいらっしゃいます。彼女は視覚障がい者用のシステムやアプリケーションをたくさん開発してＩＢＭの技術者の最高職位であるＩＢＭフェローに任命されています。ＩＢＭフェローというのは、日本人では江崎玲於奈《えざきれおな》さんが任命されているような、とても権威のあるものなのです。

まさに浅川さんもスターです。

当グループでもスターは何人もいます。

中でも私がすごいと思うのは現在ＮＰＯで事務局長を務める成澤俊輔《なりさわしゅんすけ》君です。

彼は視野が少しずつ狭くなっていく難病を持って生まれてきました。その視野は小学生の頃はサッカーボールくらいだったのが、大学入学のときはピンポン球、そして二十七歳の今、ほとんどの視力を失っています。

ところが彼は底抜けに明るい。声も大きいし、頭の回転も素晴らしくいいのです。プラスのパワーで人を引きつける魅力ある若者です。

大学生のとき「世界一明るい障がい者」という名刺を自分で作ったそうですが、そこに至るまでに数多くの苦悩がありました。眼科医になることをあきらめ、大好きなサッカーもできなくなり、漫画《まんが》を読んだりゲームをしたりすることができなかったので、友達との会話にもついていけなかったのです。大学に入ってからも視野が狭くなっていく恐怖と将来の不安から二年間、大学に行けなかったこともありました。何度も退学しようとも思ったそうです。

しかし、結局は自分が頑張るしかないと思ったのです。他の人の何倍も頑張って、やっと他の人と同じになる。だから人の何倍も勉強しました。どんなときも明るく振る舞いました。でなければ誰も応援してくれない、認めてくれないと思ったそうです。

彼は引きこもり経験者たちと面接することがよくあります。相手は彼が視覚障がい者だと気がつかないこともしょっちゅうあるようです。会社内は杖《つえ》もなく自由に歩き、エレベーターも普通に乗り降りします。

そうなるまでに大変な努力があったと思います。

スターといっても大変な発明をしたり、売り上げで一番になったりすることだけがスターではありません。

成澤君だけではなく、持ち前のバイタリティと努力で人の何倍も頑張っている障がい者が当グループにはたくさんいます。そんなスターを目指して、自分が主役になればいいと思うのです。

私は最近障がいについてこのように考えるようになりました。人間誰でも得手不得手《えてふえ》があります。その振れ幅が大きいとそれが障がいと認定されるのです。ただ、障がい者に関してはネガティブなところばかりを見て、〝得手〟の部分、〝天才的な能力〟を発掘《はっくつ》する努力を怠っているような気がしてなりません。

この部分を見つけ、伸ばすことができれば、大勢のスターを作り出すことが可能だと思っています。

◎第五章◎

障がい者たちからもらったプレゼント

二〇〇六年に、最初は二人から始まった障がい者の雇用でした。
当初から、そして特例子会社のハーモニーを作ったときも、
スタッフには障がい者福祉の専門家はもちろん、
学校でそういった知識を身につけている者は一人もいませんでした。
ともかく素人のスタッフたちが試行錯誤しながらやってきた
といってもいいでしょう。
何も知らないまま無我夢中でやってきた、その結果、私たちは彼らから
何物にも代えがたい素晴らしいプレゼントをたくさんいただきました。

社員同士が自然に助け合う社風ができました

一般には障がい者は大きく三つに分けられます。

手や足、目や耳が不自由な「身体障がい」、ダウン症に代表される『知的障がい』、最近増加しているうつ病や統合失調症、あるいはアスペルガー症候群や多動性障がいで知られる発達障がいを含む「精神障がい」があります。

ハーモニーでは、こうした障がいの種類も、重度も気にすることなく採用してスタートしました。しかし、後で知ったのですが、福祉施設や障がい者雇用に実績のある会社では、なかなかこうしたことはしないそうです。

車椅子の人がいればトイレなども改造しなくてはいけません。耳の不自由な人がいれば手話のできる人が必要でしょう。仕事もそれぞれの障がいに合ったものを用意し、仕事の方法も考えなくてはいけません。つまり、効率が悪くなるのです。

ところがハーモニーでは、さまざまなタイプの障がいがある人たちが集まって一緒に仕事をしていくことになったのです。すると不思議なことが起こりました。一人ひとりが特性を生かしながら仕事をし、しかも相手の足りないところを補完して仕事が進むようになっていったのです。

例えばパソコンでの入力を足が不自由な身体障がい者が受け持ち、コツコツと同じ作業を繰り返す根気のいる仕事は、それが得意な知的障がい者が担当する。あるいは棚の高いところにあるものを体の不自由な人のためにとってあげたり、車椅子を押すといったことはごく自然にできるようになっていました。

さらにそれはハーモニーだけのことではなく、本社などでもそういうことが起こるようになっていたのです。

当グループでは二十大雇用で実にさまざまな人が働いています。彼らが九時の始業から仕事にすぐ取りかかれるよう、健常者の社員が準備をするために七時半頃から来ているのです。労働局からそれは少し早すぎると言われ、それでも八時半にはほとんどの社員が揃っているという状態です。

もっと驚いたのはリーマンショックのときでした。さすがに当グループも売り上げが約一〇パーセント下がりました。ところが利益が五パーセント上がったのです。売り上げが下がったにもかかわらず利益が上がったのは、コストが下がったということです。何のコストが下がったかを調べたところ、残業がほとんどなくなっていたのです。

誰もが必死になって時間内に集中して仕事を進めたのでしょう。朝も始業前にきっちりと準備をしていたのでしょう。

ＦＤメンバーたちと一緒に仕事をすることで、社員同士が自然に助け合い、会社を支えていこうという社風が生まれたのだと思います。

面倒だと思うか、大事だと思うかで結果はまったく違います

冒頭で紹介した「一人一秒のプレゼント」では足の悪いマサ君を助けようとみんなで協力しましたが、私たちの会社でも自然とそういうことが起こっていたのだと思います。

なぜそうなったか、理由はたくさんあるでしょう。

一つは利他目線ができたことがあるでしょう。車椅子を押したとき、車椅子の人の目線になったと書きましたが、いろいろな人と触れ合うことで相手の目線になれるのです。

ところが今は、できるだけ人と深く接しないような生き方をしている人が多いように思います。特にコミュニケーションという点では希薄《きはく》になっている気がします。そういうところに障がいがある人が入ってくると、ガラッと雰囲気が変わることがよくあります。同じような人ばかりだと牽制《けんせい》しあったり、ライバルになったりで、自分のことをするだけで精いっぱいですが、障がいがある人にはフォローしようとするのです。

知的障がいの人なら生活に難があるから手伝ってあげないといけません。精神疾患なら心の状態に波があるので、突然休んでしまうこともあります。その穴を誰かが埋めて動かないといけません。

いつも何かを気にして、何かが起こったときは行動しなくてはいけないのです。

これを面倒だと思うか、大事だと思うかで、結果はまったく違ってきます。

本社で実験的に主要部門にFDメンバーを配属しました。そして十二人のマネージャーに、「配属してどうだった？」というアンケートをとりました。結果は全員が「配属してくれてとてもよかった」というものでした。

実は私自身少し心配をしていました。アスペルガー症候群の人は突然立ち上がってとんでもないことを言いだしたりすることがあります。社員同士険悪《けんあく》になったりしないか。メンタル不全の人が突然休んで、仕事に支障《ししょう》を来すかもしれない、などと思っていました。

しかし、アンケートの結果は、喧嘩になるどころか「いいチームワークができました」という返答なのです。

障がい者を全部門に配属している会社はなかなかないでしょう。あったとしても社員からクレームがきて続かないことでしょう。ところが当グループの社員たちは「面倒」だと思わないで「大事」だと思い、その結果チームワークがよくなったというのです。私はこうした社員たちを心から誇りに思います。

FDメンバーを配属した部署のマネージャーからのアンケートの返答

—FDメンバーはご活躍いただいていますか？

「休むことなく定時まで、私語ひとつなく真面目に取り組んでおり、たいへん助かっております。データ入力業務という、単調作業ですが､品質が重視される内容をしっかりと対応してくれます」

「毎日決まったデータを確認してメールを送信するなどのルーチン作業が多いのですが、欠かしてはならない、重要な作業です。プロパー（健常者の社員）では忙しさが先に立ち送信後の確認まで手が回らなかったりしていましたが、そこを徹底して行っていただいていることはとても価値があり、意義もあります」

「今後も多くのFDメンバーの方がいらっしゃると思います。お互いに情報を共有することで、ご本人たちがよりよい環境で就業できると思いますので、よろしくお願い致します」

会社の利益率が大幅に上がりました

会社を立ち上げてからちょうど一回りの十二年が経過しました。少し会社の内情をお話しすると、会社自体は十一期連続黒字でした。しかし、ほとんど投資に回してきたので、利益は微々《びび》たるものでした。

ところが二〇一二年に入り、利益がどんどん上がっているのです。なんとアップ率は一〇〇〇パーセントを超える勢いです。次から次にお客さんが来て、こなせないほどです。その理由は私にもはっきりとはわかりません。

創業当時は今よりもっと利益を追求してきました。ところが利益はなかなか上がりませんでした。今は、利益を追求するよりもっと大事なものがあると思いながら仕事をしています。ある意味で、損得を考えないでやっているとも言えます。

従来の会社経営からすれば、そのほとんどが損なことに見えるかもしれません。二十大雇用をしていることも、うつ病の人を雇用し、復帰させていることも損と思われることでしょう。就労困難な人を雇用することも、その親と会う時間だってそうでしょう。重度の障がいの人を雇用したり、シニアの人を雇用したりすることは本来、利益を追求するところからすれば、あまり必要のないことでしょう。

ところが数字を見るとマイナスになっていないのです。

ただ、当グループの就労困難者の仕事の仕方は、従来の考え方とは正反対のものでした。多くの場合、まず「仕事ありき」です。こういう仕事ならできるだろうと障がい者に割り当てる。あるいはこの障がい者にはこの仕事が向いているだろうと振り分けるのです。

ところがハーモニーでは一人ひとりの持っている長所、短所をしっかりと見て、今ある仕事の中から選んだり、新しく仕事を作ることにしたのです。それは、FDメンバーができるだけやりがいを持てる仕事を作ってあげたいという気持ちからのものでした。もちろんFDメンバーたちのモチベーションはまったく違ってきました。結果、効率もよくなっていったのです。

それはハーモニーで働くFDメンバーだけでなく、二十大雇用の人たちも同様です。

基本的に二十大雇用で入社してきた人たちはとても真面目です。一生懸命に働きたいという思いが強いのです。病気のせいでおかしなことを口走ってしまったり、勤怠《きんたい》が不安定な人もいます。しかし、そこの部分を理解した上で、それぞれに合った仕事を任せれば、彼らは健常者同様に、いえ、ときにはそれ以上にきちんと、真面目に仕事をしてくれます。

中でもメンタル不全の人で言えば、ものすごく能力の高い人が多いのです。そして真面目です。真面目だからメンタル不全になってしまったといってもいいでしょう。そうした彼らのことをケアしながら、それぞれに合った仕事をしてもらうと、本当に素晴らしい力を発揮してくれるのです。

ハーモニーが教えてくれる私の存在意義

私は頻繁にハーモニーに顔を出します。スタッフ以外では私がいちばんハーモニーに行き、ＦＤメンバーたちと話をし、昼食を食べたりしているでしょう。

なぜそうするかというと、彼らのことが本当に好きだからです。好きだから会いたくなって行く。行けばさらに好きになり、また行きたくなる。この繰り返し、相乗効果です。

行くとＦＤメンバーのみんなは大きな声で挨拶してくれます。それは私が社長だからではありません。彼らは正直です。社長であろうとなかろうと、嫌だったら嫌だと言います。気に入らなかったら目も合わせてくれません。

彼らはいかにも楽しそうに仕事をし、昼食を食べます。そこにいる私はまるでお父さんのような気持ちになっています。もっともっとこの子たちの声を聞いて、それを実現してあげようと思います。

ここで働くＦＤメンバーたちがやりがいを持って仕事をしている姿を見るのが本当にうれしいのです。同時に彼らの親たちも私に言ってくれます。

「社長がどれほど真剣にここで働く障がい者たちのことを考えているか、その姿を見たらいっぺんにわかります。目線だとか、話し方でわかるんです」

親御さんたちも、障がいのある自分の子供がここで働くのを見て、喜んでくれています。

ＦＤメンバーとその親御さんたちに生きがいや希望を持ってもらっていることに本当に大きな喜びを感じています。

社長というのは孤独だといいます。確かに銀行や株主は私を責める一方です。何があってもなかなか人に相談もできないし、妻に関しては、私が愚痴《ぐち》を聞く側に回っています。犬にでも愚痴るしかないのですが、あいにく犬を飼っていません。

それでも私が頑張れるのは、ＦＤメンバーたちが喜んで働いていると実感できているからかもしれません。「よーし、彼らを守るためにも頑張るぞ！」と思うのです。

多くの社員も同じように思っているようです。

「ＦＤメンバーたちが働く姿を見て、自分ももっと頑張ろうと思った」

そんな声をよく耳にします。

そんな会社を作り、経営している、そこに私自身は大きな意義を感じるのです。

真っ暗なトンネルの中にいましたが、今では桜が咲いています

ＦＤメンバーの母親からよく手紙をいただきます。

「これまでは真っ暗なトンネルの中にいましたが、今は家の中に桜が咲いています、それも満開の」

という手紙をいただいたときは、心の底から、よかったなあと思ったものです。

例えば、私の秘書を雇いました。彼女は健常者です。彼女の母親はよかったね、頑張りなさいとは思うでしょう。しかし、私に手紙を書くことはまずないでしょう。ところが障がい者の場合は違います。第一に働けないのが前提です。障がい者の雇用率は一パーセント、つまり百人に一人しか普通の企業で働いていないのですから。

しかもその一パーセントになったとしても、年間に四〇パーセントも辞めています。この数字を見ると、障がい者にとって一年以上同じ会社に勤めていることがど

れほど奇跡的なことかおわかりになるでしょう。

だから高校を卒業すると、親はこの先何十年も家族だけで子供を支えていかなければならないのかと不安に思うのでしょう。

当グループにおいてはまったく状況が違います。

まずは障がいのある子供が私の会社に入る。そして継続して働けるようになり、さらに子供は楽しいと言って毎日会社に行く。どんどん好循環になっていきます。

私からも親御さんに毎月、「きちんと挨拶ができるようになりました」「パソコンの操作もずいぶんできるようになっています」といったメッセージカードを渡します。

少しずつ自立ができるようになっていくのが実感できるのです。しかも、毎月給料を十数万円払っています。障害年金もありますから、ずいぶんと楽になってもいるでしょう。親御さんはその中から三万円とかのお小遣いを渡し、あとは将来のために貯金するようです。しかも子供が働いているから自分も働きに出ていけるのです。

誕生日がきました。そしてクリスマス、子供がお小遣いの中から、プレゼントまでしてくれるのです。もう感激でしょう。

家の中に私たちが満開の桜を咲かせているのだと思うと、決して彼らを辞めさせるようなことをしてはいけないと思うのです。

ハーモニーで働くFDメンバーの姿に涙が止まらない理由

「子供がほかの子に比べてイベントなどに参加する機会が極端に少なかった。それがとてもかわいそうでした」

あるとき、障がい者の親御さんと話していて、そんなことを言われました。確かに障がいのある人たちは運動会や文化祭、町内でのお祭りや盆踊《ぼんおど》りなどにもなかなか参加できずに、悲しく、寂《さび》しい思いをしてきたかもしれません。

そこでハーモニーでは毎月何かのイベントをすることにしました。といってもささやかなものです。お昼を一緒に食べて、頑張ったことを表彰したり、ときには親御さんも呼んで写真を撮ったりもします。

あるいはクリスマスには私がサンタクロースになり、役員がトナカイを買って出てくれたりもします。ＦＤメンバーたちはもちろん大喜びです。こんなにうれしいのかとこちらが感激するほど喜んでくれるのです。

その姿を見て親が涙を浮かべるのはわかりますが、見学に来ている人まで一緒に泣いています。

「きっとつらい思いをしてきたんだろう、だからこんなに喜ぶんだろうな」

などと思うと、さらに涙が流れるのです。

こうしたイベントとは別に、ハーモニーでは月に一度、見学会を行っています。障がい者雇用をしようとしている企業の方に来ていただき、ハーモニーの現状やこれまでのことをお話ししたり、現場を見学していただいたりするのです。

見学会には毎回三十～四十社の方がみえて、年間で二千名にものぼります。中には何度も来る、いわゆるリピーターもいらっしゃいます。応募者が多くて、月に二回開催することもあるほどです。

見学会に来たお客さんは皆さん、感動して帰っていかれます。

ＦＤメンバーたちが明るく、一生懸命に働いている姿に感動されるようです。その背後に、親御さんたちが、我が子の自立を喜んでいる姿も見えるからです。

彼らの姿に涙を流す人も珍しくはありません。彼らのことをよく知っていて、しょっちゅう会っている私でさえ、ときに涙が止まらないこともあるくらいです。それほど彼らの姿は感動を与えてくれるのです。

ＦＤメンバーの一人に、笹本という入社五年目の知的障がいのメンバーがいます。自宅が書道教室で彼も小さい頃から親から書道を習い、今では段をもらうほどの腕前となりました。

私の会社では、お世話になった方に感謝状をお渡しすることがあるのですが、その感謝状を彼に書いてもらっています。

彼は感謝状を書く際、お習字のよい姿勢を守るため、靴を脱ぎ床に座り一生懸命に書きます。最初、私はそれを見たとき、涙がぼろぼろ出て止まらなかったのです。

そしてその感謝状を自分で読みながらお客様に渡すとき、感動に心が震《ふる》えて、また涙が出ます。しかも、泣いているのは私だけではなく、それを受け取る方もまた泣いていることがしょっちゅうです。特に私に近い年齢かそれ以上のお客様はたいてい泣いています。どうしてそんなに泣いてしまうのだろうと考えました。

私の結論は、そこに親の姿を重ねて見ているのではないかということです。彼があそこまで素晴らしい書を書けるようになるには、親は相当の時間とエネルギーをかけて、ときには厳しくもしつつ、彼と正面から関わり合い、書を教えてこられたのでしょう。この子の将来のために、何とか自立させるために書道を教えたのです。彼はもしかしたら、泣きながら練習したこともあったでしょう。しかし、そんなときには、親は心の中でもっとたくさんの涙を流していたんだろうなと思

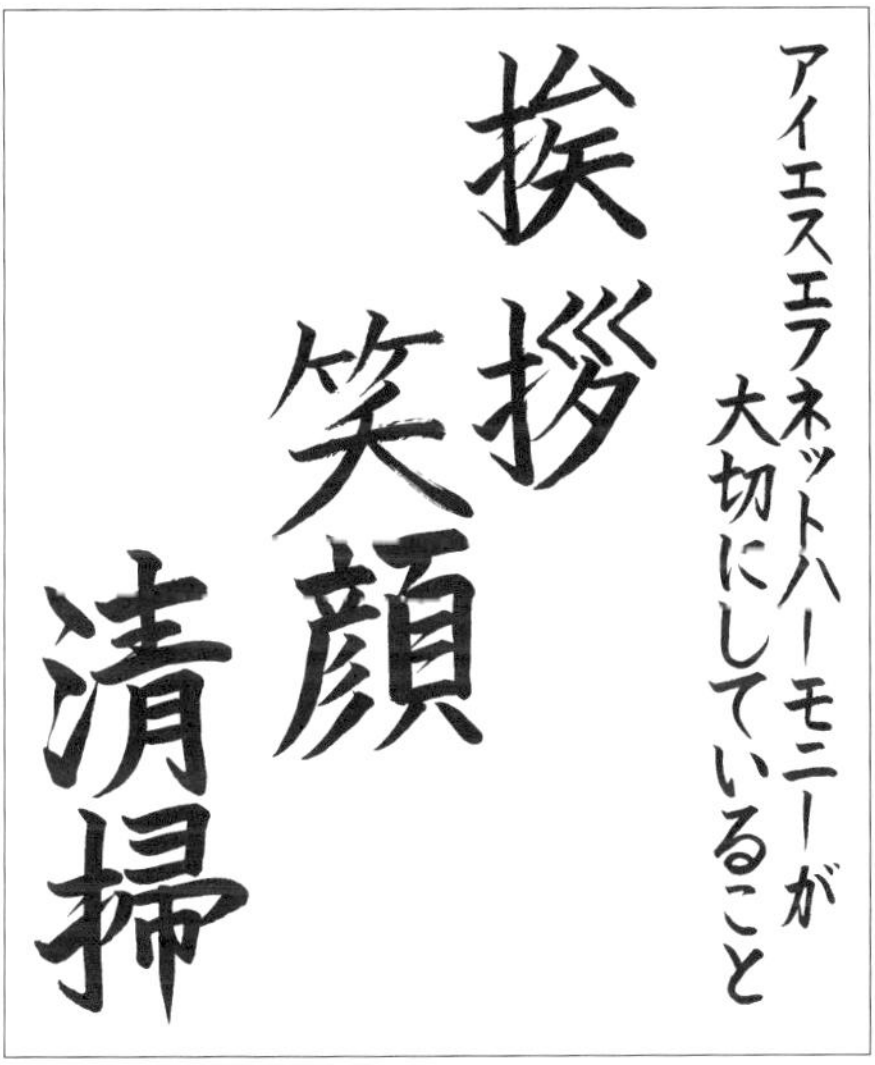
アイエスエフネットハーモニーが
大切にしていること
挨拶
笑顔
清掃

笹本さんの書

うのです。その結果、今では、あんなに素晴らしい字が書けるようになった、そう思うとまた涙が止まらなくなるのです。

私は外資系の会社にいたとき、億単位の仕事をしてはいましたが、感動で涙を流したことなど一度もありませんでした。

会社は競争の場でした。叱られたり、お尻を叩かれたり、悔《くや》しくて涙をためたことはありましたが。

でも今では、本当に心から感動して涙が流せる会社になったのです。

そして、感動の源泉はＦＤメンバーの雇用であり、それを担っているのは私であり、社員のみんなだと思うと、またふつふつとやりがいが生まれてくるのです。


社員二千人を超えましたが、社員同士が足を引っ張り合うことはないし、派閥もない会社です

これは障がい者を雇用しているからなのかはわからないのですが、私の会社には派閥《はばつ》がまったくありません。ずっと私は当たり前だと思っていたのですが、いろいろな会社の社長と話していると、二千人を超える社員がいて派閥がないこと自体が不思議だと言います。

確かに考えてみればそうかもしれません。数十人の会社だって派閥があるところもあると聞きます。

もちろんアスペルガー症候群の社員の言い方があまりにひどかったりして、女子社員が泣きながら喧嘩をしていることもあったりします。しかし、人の足を引っ張ったり、社内が分裂したりすることはまったくありません。

中には会社を辞めていく人もいます。世間では辞める原因で最も多いのが人間関係だといいます。

しかし、うちを辞めていく人に聞くと、「ほかの会社を見てみたいから」とか「給料がいいみたいだから」といった理由がとても多く、「人間関係が嫌だから」という理由は聞いたことがありません。

これは私にとって素晴らしい財産だと思います。いがみ合ったり、ライバル視するのではなく、家族のようにみんなが助け合って仕事ができる雰囲気に自然となっているのです。

同じ頃に創業して大きくなっていった会社が三社ありました。

そのうちの一社が途中で潰れました。ビジネスモデルはとてもよかったのですが、社内で対立があり、結局分裂して倒産に至ったと聞きました。

企業はビジネスモデルがよくても、組織でなくなることがあると、そのとき初めて知りました。

当グループを辞めていこうとする人はみんな素直そうで、とてもいい人たちです。そのような人たちが、結果重視、競争が激しい外資系のような会社に行ってボロボロになってしまわないか、私はとても心配しています。

応援してくださる人たちから
たくさんの勇気と希望をいただきます

二千人にのぼる社員がいて、グループ会社も七社あります。当然のことながら、大変なことも毎日たくさんあります。

特に、利益ばかり追いかけているとどこか気持ちが汚れてくるような気がすることもあります。

そんなとき障がいのある人たちと交わると、どこか浄化されるような思いが湧いてくるのです。メンタル不全の人たちは、純粋で、真面目な人が多いのです。彼らが真剣に仕事をしている姿に心打たれ、知的障がい者の純粋で天使のような笑顔に癒やされます。

たとえどんなに嫌なことがあっても、救われ、頑張ろうと思えるのはいろいろな人の応援があるからです。

先にも書きましたが、ハーモニーへの見学者は年間二千人を超えています。若い人たちのボランティア活動への参加もどんどん増えています。

愛知県安城市《あんじょうし》で障がい者のカフェの申請をしたときも、地元の人たちが署名を集めて役所に持っていってくださったのです。その結果二週間という早さで申請できました。

あるいは先日はある一部上場会社の社長がハーモニーにみえました。その方は現在六十歳で、誰もが知っているような大企業の社長です。実はその社長の子供も障がい者で、奥様が「ご家族と語る会」に参加くださったことがありました。

その奥様に私のことを聞いて会いにみえたのです。

その社長が帰るとき、私に言いました。

「私はリタイアしたら、アイエスエフネットさんの手助けをしたい。お金なんていらないんだ、生きがいが欲しいんだ」

一部上場企業の社長ならば、リタイアしてもすることはいろいろあると思いますが、私たちの手助けをしたいと言ってくださいます。

ハーモニーの見学会に来られる企業は毎回三十社を超えますが、その中から何社かの人は「何か手伝えることはないでしょうか」と言ってくださいます。

そういう人が多くなってファンクラブのようなものもできています。

日々、こうして賛同し、応援してくださる人が増えていき、私はどれほどの勇気をいただいていることでしょうか。そしてファンが一人でも増えて、障がい者に対する理解が深まり、障がい者雇用に真剣に取り組む企業が増えていけば、私にとってこれほどうれしいことはないのです。

◎第六章◎

雇用を創ることこそ私の使命

リーマンショックのとき、世間でリストラの嵐が吹き荒れました。
このとき私は考えました。当グループのミッションは何だろうか、と。
考え抜いた末、結論が出ました。
それはＩＴエンジニアを大量に育てることではなく、
雇用を生み出すことなのだ、と。

二〇〇六年に五大採用を宣言しました。今では二十大雇用まで広がりました

五大採用とは、次の五つの就労弱者を雇用しようというものです。

一　ニート・フリーター
二　障がい者
三　ワーキングプア（時間に制約のある人）
四　シニア
五　引きこもり

これを二〇一〇年二月に実現したので、翌年の三月から十大雇用を新たなスローガンにしました。ところがさまざまな事情で就労が難しい人たちから、ほかのカテゴリーでも積極的に採用してほしいという意見をいただき、その年の十一月には新たに二十大雇用の宣言（四十三ページ参照）をしました。

このとき、「当グループではこの項目を理由として採用の合否を決定いたしません」という一文も加えました。

これだけではなく、創業以来、私はいろいろなことを宣言し続けてきました。言ったことは必ず実現しなくてはいけません。でなければ社員は不信感を持ってしまうからです。

高校の同級生に弁護士がいます。すごく仲がよく、いつも一緒に遊んだ友人です。彼が「幸義《ゆきよし》、言ったら最後、必ずやらないわけにいかなくなってしまうぞ」と言います。しかし、私は言いたい。特に、社員との「五つの約束」は声を大にして言いたいのです。事実、いつも話しています。

「五つの約束」とは次のものです。

○全員の雇用を守り抜く
○定年の撤廃《てっぱい》
○やりがいを創造する

○ダイバーシティを実現する（働き方の多様化）
○自分の責任ではない就労困難な状況は最大限みなで助ける

雇用は継続しなければ意味がないと思っています。また、社員が義務を果たしていることに対する会社の責任だと思っています。あくまでバトンを持っているのは社員です。バトンを自分から放棄《ほうき》したり、約束を破らないかぎり、バトンを持っていられるのです。その結果、社員は安心して働けるのです。

逆に、バトンを持っているのは社長だとします。つまり、いつ辞めさせられるかわからないと思っている社員が、安心してその会社では働けないでしょう。

だから私は何度でも宣言します、絶対にリストラはしないと。

切らずにいると、結果的に会社は固く結ばれます

「自分の責任ではない就労困難な状況は最大限みなで助ける」という社員との約束

について、少し説明を加えておきましょう。

多くの会社ではうつ病になった、障がい者になったというとき、助けるどころか辞めさせてしまうことのほうが多いのです。二週間無断欠勤した社員は自己都合で辞めることになります。これは法律で認められていたとしても〝本人の意思を無視した解雇〟と同じだと思っています。

むしろ私はうつ病になったからこそ、障がい者になったからこそ、会社が守らないといけないと思っています。

J君という男性社員がいます。彼は私のことがあまり好きではなかったようです。私が直属の上司だったのに、結婚式には私を呼ばないで、営業の役員を招待したほどです。

彼がどうして私のことが嫌いになったのかはわかりません。しかし、私は彼のことが大好きでした。彼はとても真面目で、会社のルールを守り、はっきりとものを言う人間だったからです。だから彼には大事なポジションを任せていました。

ところが二年半ほど前に仕事中に倒れてしまったのです。そのまま病院に運ばれ、寝たきりになってしまいました。重度の身体障がい者になってしまったのです。結婚して一年たった頃のことだから、とてもかわいそうでした。

私は彼の病院にお見舞いに行きました。両親や奥さんの視線がなんとなく冷めたものに感じられました。しかし、何度かお見舞いに行き、手紙も出したりしているうちに、お母さんの態度が少し変わってきました。きっと息子から聞いている私とは少し違うと思ったのでしょう。私はふだんは明るいのですが、会社ではものすごく厳しいのです。彼に見せていた厳しい顔と、お見舞いに来ている顔は別人といってもいいかもしれません。

何度かお見舞いに行った後、お母さんに尋ねられました。

「息子はクビになってしまうんでしょうね」

もう二年以上会社にも出てきていないし、確かにクビにしようと思えば、そうできるのです。私は彼のお母さんと奥さんに言いました。

「彼が会社に出てこられなくなった後、すごく大変でした。株主総会でも彼が仕切ってくれてうまくいった。後任者の力量が足りずクレームがきたりもしました。彼がいてくれて本当によかった。これからもいてほしいと思います。僕は彼が大事だから、どんな病気になっても、ずっと席を空けて待っています」

二人は目に涙を浮かべていました。それをベッドで聞いていた彼も泣いていました。

彼はきっとこれからずっと私を信じてくれるでしょう。でも私は自分をよく思ってほしくて言ったわけではありません。

私の会社でも、働いている間にメンタル不全になってしまう人もいます。そういう人に対するフォローはとても手厚く行います。あまりプレッシャーもかけません。自分が健康でいる間はなかなかわからないのですが、弱い立場になってみて初めてわかることがあるのです。病気になり、治って復帰したとき、これまで以上に会社のことを大事に考えてくれて、大きな戦力になってくれるでしょう。

そういう人たちが会社を支え、上層部にいるので、ものすごく組織がしっかりしていて、固く結ばれているのです。

リストラから生まれる悲劇は実にたくさんあります

今、日本の大企業では一社で数千人から万人単位のリストラが行われることもあります。

私自身はリストラは絶対にしないと宣言しています。もしもリストラをしたら、私も会社を辞める決心をしています。

しかし、世の中からリストラがなくならないのも事実です。

レアアースの輸出を中国が規制しました。中国が九〇パーセント以上生産していたので、一時は日本も混乱しましたが、もうすでにカザフスタンやベトナム、オーストラリアで生産が始まっているようです。これにより中国のレアアース会社で働いていた人たちは大量にリストラされるでしょう。

あるいは洋服を昔は日本で縫《ぬ》っていましたが、安く作るために中国で縫うようになり、中国の人件費も上がってきたので今度はミャンマーなどほかのアジアの国に生産拠点が移っていくようです。

今経済はグローバルなサプライチェーンで回っているので、一つの国が駄目になったら、次に行けばいいという構造になっているのです。その都度、リストラは行われていきます。なぜなら経営者にとって短期間に収益をあげるためにいちばん手っ取り早い方法がリストラだからです。

しかし、そのリストラはさまざまな悲劇を生みます。

例えば、リストラされたことによって家庭で暴力を振るうようになる人もいます。アルコール依存症になる人もいるし、犯罪者になってしまう人、離婚する人もいるでしょう。それが引き金になってホームレスとなったり、自殺にまで至る人も少なくありません。

あるいは、会社の業績が悪くなったという理由以外のリストラもあります。その代表的なものがメンタル不全でしょう。特にうつ病にかかると急に会社を休みます。二週間無断欠勤すると、自己都合で辞めざるを得なくなります。

あるいは傷病手当をもらって治療に専念する人もいます。この手当は一年半で切れるので、ぎりぎりのところで復職する。あるいは少しよくなったところで治ったと嘘をついて復職するのです。しかし、完全に治っているわけではないのでまたすぐに発病します。今度はもう傷病手当が出ないため、辞めていくことになります。辞めた後はさらにうつ病がひどくなる、という繰り返しです。

当グループの二十大雇用の人はリストラ経験者がかなりいます。メンタル不全、元メンタル不全の人もたくさんいます。だから毎月復職願いと休職願いが山のようにきます。しかし、まったく問題ありません。本当なら、二千人の従業員がいたらその六パーセントの百二十人がメンタル不全なのです。だから山のように書類が届いてもおかしくはないと思っています。

このままでは、日本だけでなく、世界でもまだまだリストラは増えていくでしょう。リストラがさまざまな悲劇を生み、それがどんどん悪い循環になっていかないかがとても心配です。

今後さらに問題になってくるのがボーダーラインの人たちの雇用対策です

当グループで掲げている二十大雇用は障がい者を除くと、ほとんどがボーダーラインと言われている人たちです。その中でも大きく二つに分かれて、偏見《へんけん》がなければ働ける人と、本当に就労が難しい人がいるのです。

偏見がなければ働ける人とは、例えばＨＩＶの人です。彼らは普通に働けます。あるいはユニークフェイスでも仕事をする上では何の問題もないでしょう。てんかんも発作が起こったときは働けませんが、ふだんは普通に働けます。偏見をなくし、その病気のことをもっと知って雇用すればいいのです。たとえ発作が起きても支障がない仕事をしてもらえば何の問題もないでしょう。

しかし難しいのは本当に働くのが困難な人です。本来ならこういう人は障害者手帳を受け取っています。手帳をもらうと、法定雇用で仕事ができたり、会社にも助成金が出たりします。あるいは障害年金をもらえたり、かなりの交通機関がただになったり、医療費も免除《めんじょ》されたりと、さまざまな援助があります。

しかし、中には手帳をもらうことを固辞する人もいます。特に親が認めたがらないのです。「うちの子は発達障がいじゃない」と、認めない親はかなりの数にのぼります。メンタル不全でいうと統合失調症を認めたがらない人もたくさんいます。昔、精神分裂病と言われていた病気で、地方に行くと差別の対象になってしまうことがよくあるのです。

障害者手帳をとりたくてもとれない人もいます。現在、生活保護を受けている人が二百十万人を超えました。国や自治体にお金がないので、なかなか障がい者として認めてもらえないのです。

国や自治体の支援のないボーダーラインの人をどうやって雇用していくか。若い健常者でさえなかなか就職もままならないのが現状です。その中で、ボーダーラインの人たちの雇用は今後さらに大きな問題になってくると思います。

新卒者も上から目線ではなく、同じ目線で採用するのがあるべき姿

障がい者雇用でいつも気をつけないといけないと思うのは、障がい者と同じ目線でいるということです。彼らはいろいろなことにとても敏感です。話し方や態度で自分を馬鹿にしているのではないかなどと感じると、もう決してこちらを向いてくれません。社長だから、上司だからと上から目線でいると、決して言うことを聞いてはくれないのです。同じ目線で、いつも大事に思っているということを伝えることが最も大事なことです。

それは必ずしも障がい者雇用に限ったことではありません。新卒の採用に関しても同じ目線でいることが大切だと思います。ところが、今、多くの企業は完全に上から目線です。

先日、四年制の大学に通う女性が会社に来ました。私の同級生が地元で高校の先

生をしているのですが、彼女はその教え子です。同級生が電話で言うには、「夏休みに教え子が帰ってきて、就職がうまくいかない、先生、もう私死にたいと言って泣きつかれた。お前、会社やってるんだったら、ちょっと会ってやってくれないか」と。

彼女がやってきました。完全に人間不信で、対人恐怖症になっているような状態です。出てくる言葉も全部マイナスのものです。

今の就職はまず学生がネットを使ってエントリーしていきます。企業側はまず履歴書を見てどんどん落としていく。まるで商品を見るように上から目線で落としていくのです。学生も負けているわけにはいかず、一人で百か所くらい申し込むといいます。それでも落ちる。百回も落とされると、自分ってなんて駄目なのだろうと思ってしまっても無理ありません。就職できずに自殺する大学生が増えているという記事も新聞に出るほどです。

彼女は障がい者雇用の現場などを見て、少しは元気になったようでした。「頑張ります！」と少しは前向きになって帰っていきました。

上から目線でまるで商品を選ぶように、人を選んでいくというのは人間を壊していきます。学生たちがかわいそうです。だから私はできるだけ説明会から出席するようにしています。大学に行き、学生たちと一緒に座って待っています。面接ではないので、寝癖《ねぐせ》がついたままの髪の毛で来る学生だっています。で、司会者が「では、社長を紹介します」と言うと、私がぱっと立ち上がる。最初はみんなびっくりして引いてしまいます。

そこで私はきちんとメッセージを伝えます。

「うちは私語も許さないような厳しい会社です。でも一生懸命働いてくれるかぎり雇用は守ります。障がい者雇用、二十大雇用もやっています。そうした人たちと一緒に働く職場ですが、もし興味があったら一度会社に来て現場を見てください」

こうした話をしてから質疑応答をします。私はあくまで「雇ってやる」という目線ではなく、「一緒にやってみないか」という姿勢です。最初はしらけ気味だった学生たちからも、「君たちどう思う」と同じ目線で話しかけると質問もたくさん出てくるのです。

こういう場で学生たちと接していて驚くことは、彼らが現実を知らないということです。障がい者のこと、メンタル不全などの病気で苦しんでいる人のこと、こうした人たちがいかに就職で苦しんでいるかということなどをまったく知らない学生がとても多いのです。だから私がそういう話をすると、たくさんの学生がカルチャーショックを受けるようです。

そしてもう一つ驚くのは、カルチャーショックを受けた学生の中には自分から能動的に動き始める若者もかなりいるということです。授産施設に自分からアポイントをとってボランティアに行ったりするのです。

私は「会社とは昼食を食べに行くレストランと同じだ」という話をよくします。「カレー屋さんに入って、ここには寿司はないのかって怒る人はいない。寿司を食べたいなら寿司屋に行きなさい」と。当グループでは障がい者雇用や二十大雇用をしています。それが自分の求めているものと違うなと思ったら入らなければいい。カレー屋ではなく寿司屋に行けばいいのです。つまり別の会社に入ればいいのです。何しろ会社は二百万社以上あるのですから。

そんな厳しい話をしても、当グループを選んでくれる学生もたくさんいることをうれしく思います。会社に足を運び、自分の目で現場を見た上で、ぜひ一緒に働きたいと思った人が入社してくる、それが就職というもののごく当たり前の形ではないでしょうか。

多彩な新卒採用で多彩な人材が集まっています

障がい者から二十大雇用まで、当グループではさまざまな人が働いていますが、新卒の採用の仕方も一律ではありません。

説明会では年間千名ほどの人が来ます。前述したように、会社で現場を見て、すぐにも働きたいという学生もいます。その中にはインターン生として会社で働いてもらうこともあります。あるいは当グループが支援する「社会勉強サークル　リッキーズ」に参加してもらうこともあります。リッキーズは学生が運営するサークルで、私たちのグループが開催するさまざまなイベントの運営スタッフとなっていまいます。ここで活動している中から、入社を希望する学生がいれば積極的に採用しています。

入社も四月だけではありません。一度に何百人も入社してきてもなかなか対応できるものではありません。そこで通年採用を取り入れました。二〇一二年の四月には約五十人の新卒者が入社してきましたが、研修などもよりていねいにできます。四月から翌年三月まで、当グループでは毎月新卒者が入社してくるのです。

学生たちには、この間にアルバイトをして留学資金をため、外国でワーキングホリデー、語学留学、ボランティア活動などに参加して見聞を広めてもらうのです。就職時期が早まり、なかなかこういう経験を積めない日本の大学生に、入社時期をずらすことでいろいろな体験をしてもらいたいのです。

この通年採用に加えて、「三年パス」「五年パス」というものもあります。

三年パスは、内定を出した後、三年以内ならいつでも入社してもいいというもの。二年間外国の学校に留学している学生もいれば、看護師の資格をとるために勉強してから入社してくる学生もいます。

五年パスではほかの会社に入って働くということも可能です。その上でやはり当グループで働きたいと思ったら、いつでも入社できるのです。現在、入社して三年以内に辞める新卒者は三〇パーセントを超えています。

二十歳そこそこの大学生にとって、会社は実際に働いてみないとわからない部分もたくさんあるでしょう。そうした若者に一発勝負で決めさせるのも酷《こく》かもしれません。そうした若者にチャンスをあげたいという気持ちもあるので、このシステムはとてもいいと思っています。

こうしたいろいろな方法での新卒採用では、従来の画一的な方法で採用するよりも、多彩な人材が集まってくることは言うまでもありません。

◎第七章◎

新しい働き方を創っていく

二〇〇六年に障がい者の雇用を始めましたが、
その後、リーマンショックがあり、東日本大震災が起こりました。
これにより、私自身の雇用に対する価値観が大きく変わりました。
ＩＴだけにこだわっているのではなく、これからの新しい雇用の仕方を
考えていかないといけないと思ったのです。
そう考えて行動していると、変化したのは私だけではなく、
日本人全体の価値観も大きく変わったと実感しています。

ドラッカーの逆をいくビジネスモデルで雇用を創り出す

「もしドラ」で高校生にも有名になったオーストリア生まれの経営学者、ドラッカーの理論の一つにコア・コンピタンスというものがあります。

あれもこれもではなく、得意なことを「選択しそこに集中する」というものですが、これで成功したのがマクドナルドです。昔、マクドナルドはカレーなどに手を出して失敗を重ねていました。それをコア・コンピタンスの理論を導入して立て直したのが、今もCEOを務める原田泳幸《はらだえいこう》さんでした。

当グループも創業以来、ドラッカーの言う「選択と集中」をしてきました。つまりネットワーク・エンジニアを育て、派遣するという事業に特化してきたのです。ところがリーマンショックが起こり、売り上げが一〇パーセント落ちました。世間でもリストラの嵐が襲《おそ》い、倒産する会社も少なくはありませんでした。

この状況を見て、これからは一つの事業だけをやっていたら、雇用の安定した継続はできないと思いました。そして、果たして、私がやりたいこと、当グループの大義とは何だろう、と考えたのです。

じっくり考えた末に出た結論は、当グループの大義はネットワーク・エンジニアを育てることではなくて、雇用の創造なんだというものでした。障がい者も含めてより多くの人の雇用を創造するためには、ネットワーク・エンジニアを育てることにだけこだわっていては無理なのです。人によって、障がいに応じて仕事を作っていかなくてはいけない、「選択と集中」ではなく「さまざまなところに広げ」なくてはいけないのです。

私は雇用の創造のために、世界の経営学者ドラッカーの理論の真逆を行くビジネスモデルを追求しようとしています。ＩＴだけにこだわるのではなく、ノンＩＴもやるぞ、カフェだって居酒屋だってやるぞ、という気持ちで現在、さまざまのことを進めています。

生活保護受給者と障がい者がともに働ける一石二鳥の方法

リーマンショック以降、生活保護受給者が増え続け、ついに二百十万人を突破し、一九五一年以降で過去最高となりました。

もう待ったなしという話は聞いていましたが、先般、ある市の生活保護の担当の方の話を聞いて愕然《がくぜん》としました。

その市では税収の一〇％がすでに生活保護費になっていて、今後高齢化と生活保護受給者の増加が今の状態で推移すれば、近い将来自治体の必要不可欠なサービスまでがおろそかになる、もう待ったなしの状態であるという話を改めて聞き、私自身も危機感を覚えました。

ここ二年で二十代、三十代の人たちからの申請が一五〇％くらいの伸びを示してきており、早急に対策を打たねばならない状況にあります。

大阪市などでも生活保護受給者の増加が問題になっています。生活保護を受けると生活はある程度保証されます。生活保護受給者は医療費も無料で、自治体にとってこの支出が全体の支出の約半分を占めているようです。

さらにこの制度には問題があり、仮にこの状況を抜け出すためにアルバイトで働くと、その働いて稼いだ分は生活保護の支給のお金から差し引かれてしまう。

例えば生活保護で十三万円のお金を得ているとします。その人がアルバイトをして七万円の収入があると、支給額が六万円（合算で十三万円）となる仕組みなので、働く気力がなくなってしまうようです。

近いうちにこの仕組みは改善されるようですが、話を聞くと中には十分働ける人もいるようですし、自治体の調査の方が受給者の家を訪ねると、ブランドものがたくさんあったというような信じられない事実もあるようです。

いずれにしてもこの状態はこのまま放置できない、ということで当グループは、ある自治体とこの〝生活保護の状態から脱出する〟というプログラムを作ろうとしています。

生活保護から抜けるためには雇用が必要ですが、今、大学生でも働く先を見つけるのが大変な時代に、生活保護受給者を雇う会社はまずありません。雇う会社がなければ、この問題が解決することはないのです。

当グループは創業時から就労困難者の雇用を実施してきました。その中でもいちばん多く雇用してきたのが〝社会人経験のまったくない無知識、未経験のニート、フリーター雇用〟でした。

これまでこの無知識、未経験のニート、フリーターを千名以上は雇用しましたが、その中には大手企業に巣立ってゆく人もいました。

創業から十二年間、我々はその人たちに軽作業と呼ばれる〝ＩＴ系の簡単な仕事をしてもらい〟、その間に〝ＩＴ資格を取得してもらい〟、そしてエンジニアにするモデルを確立してきました。

当グループにはこの毎日数百名分のＩＴ系の簡単な仕事が舞い込んできます。定常的に来る仕事もあります。

若い人はこのような仕事を３Ｋと呼び、継続してやることをしてきませんでしたが、この仕事は長いブランク（メンタル不全、引きこもりのような就労困難者）から復帰するためにはうってつけの仕事なのです。

この仕事は今では障がい者も行っており、すでに青山の本社のほうでは健常者がリーダー役を務めながら、百名近い就労困難者が作業をしています。

私は今回もこのモデルが使えるのではないかと考えています。

このモデルのリーダーに生活保護の人をアサイン（割り当て）してはどうかと思い始めていました。そんな折《おり》、ある市の方から現状の説明とともに相談を受けたので、〝このモデルでやってみましょう〟と話を進めています。

今のモデルの延長なのできっとうまくいきます。メインのリーダーが十名で生活保護者がサブリーダーとして三十名、そして障がいのあるメンバーが六十名の合計百名の巨大プロジェクトです。

当グループですでに実証済みですが、障がい者と働くことでそのリーダーは利他の目線、言動になります。そしてみな謙虚になっていくのです。このことも雇用の促進には非常によいのではないかと思っています。

これをモデルとして展開し、それがうまくいけば、少しは生活保護の増加に歯止めがかかるのではと考えています。

生活保護受給者がサブリーダーからリーダーになり自信を持ち、さらに上のステップに上がってくれるのではないかと思っています。

これで雇用が生まれ自治体の財政が少しでも良化できれば、それはそれで大変喜ばしいことだと思っています。

子供のうちから教育すれば、エジソンのような才能も生まれるかもしれません

今、学級崩壊があちらこちらで起こっているといいます。多動性障がい（ADHD）や学習障がい（LD）の子供が増え、授業にならないのです。原因は、多動性障がいや学習障がいを親や先生が障がいと認めないことによる場合が多いようです。「障がいではないから、何とか自分たちで解決しよう」とするのですが、できるはずもなく、どんどん症状も教室内の混乱もひどくなっていくのです。

障がいは基本的には治りません。母親の胎内《たいない》にいるときから持っていた障がい、例えば、知的障がい者として生まれた以上、それが完治することは医学的にはないと言われています。

しかし、障がいは改善されます。しかも早いうちから対処するほど早く、著しく改善されます。

障がいは治るという信念で、二歳からダウン症や自閉症、知的障がいの子供をきちんと療育《りょういく》するという学校があります。しかも親御さんにも指導して、家でもちゃんとメソッドに沿った教育をしてもらうという方法をとっています。

障がいが治らないと思っている私とはその部分で意見が食い違うのですが、しかし、その方法には私は賛成しています。

その学校に話をするために行きました。二歳から五歳くらいの子供と親御さんが集まっていました。すでに泣いている母親もけっこういました。どの親も自分の子供は障がい者ではないと思いたいのです。それを認めた瞬間に、子供や自分の将来を思うと不安になり、そんな人生をこの子に課したのは自分の責任だと思い、自分を責めるのです。

そこで私はこんな話をしました。

「子供が障がい者に生まれたということにもすごく意味があるのだと思います。だからほかの子供と同じようにさせようとするのではなく、子供がこの世でどんな役割を持って生まれてきたかを考えてあげてください。そのためにもこの学校で子供の能力を伸ばすことはとても大事だと思います。

発達障がいや知的障がいの人たちには素晴らしい才能を持っている人もたくさんいます。モーツァルトやエジソンもそうだったと言われています。彼らはいいところを徹底的に伸ばしました。

うちの会社でもこの学校と同じようなことをしています。会社でトレーニングをして、家でも親御さんに協力してもらってトレーニングをする。すると、二〜三年もたつと、健常者と同じように仕事ができるようになります。

だから、ここで二歳や三歳から教育をするというのはすごくいいのではないでしょうか」

問題はこのような学校で障がいが改善されても、社会に出たときそれを受け入れる体制がないとやはり駄目です。大切なのは学校を卒業した後のこと。良化し、得意なことを見つけたとしても、企業側とつながっていかなければ意味がありません。

だから私はこの学校と協力して統計を出していこうと思っています。この学校には二歳から十八歳までの障がい者がいますが、トレーニングを受けて、私の会社に入ってもらい、その人たちがどれほど仕事ができるか、きちんと数値を出していこうと思っています。

この学校の授業料はかなり高く、入学者はそれほど多くありません。しかし、二歳から十八歳まで毎月三万円の授業料を払っても、十八歳から六十五歳までの四十七年間、毎月二十万円のお給料がもらえればペイできるのです。

あるいはもしそれが実証できたら、授業料は国が負担してくれるようになるかもしれません。障がい者に対する国のさまざまな援助の額を考えると、授業料を出せば卒業後に自立できるということになれば、授業料を国が負担することも可能なのではないでしょうか。

もしかしたら、ここからエジソンのような才能が生まれるかもしれません。いえ、少なくとも雇用はたくさん生まれるでしょう。早いうちから教育すれば、健常者と変わらず働けるのですから。それを私は証明しようと思っているのです。

障がいのある女性に営業の仕事を任せてみようと思います

スワンベーカリーというパン屋さんをご存じでしょうか。「クロネコヤマトの宅急便」の生みの親である故・小倉昌男《おぐらまさお》さんが「障がいのある人もない人も、共に働き、共に生きていく社会の実現」を目指して設立した会社で、今では全国に二十九店舗があります。

直営のスワンカフェで定期的に講演会がありました。ある社団法人が企画する雇用研究会です。これまでに五回ほど話をさせていただいたことがあります。つい先日も呼ばれたのですが、私の話の後に、障がいのある女性が話をしました。

彼女は再生不良性貧血という病気でした。日本での患者数は一万人程度の珍しい病気で、骨髄《こつずい》で血が作れないため、輸血をし続けないといけないそうです。しかも、薬にはかなりの副作用があり、一週間に二日くらいしか働くことができないということでした。その彼女がこう言いました。

「私は人に助けられるだけで生きているのは嫌なんです。私も人の役に立っているというものが欲しい。でなければ生きているという実感が持てないのです。その意味で、障がい者雇用に頑張っていらっしゃる、今日の渡邉さんの話にとても希望を持ちました」

講演会の後、彼女と話をする機会がありました。

明日はどうなるかわからないような状態の中で、人の役に立ちたい、自分の存在価値が欲しいというのは、彼女の切実な思いだと感じました。私たちもときに「人の役に立ちたい」などと言いますが、彼女の口から出るそれとはまったく重さが違うように感じました。

私は何とかしてあげたいと思い、どんな仕事をしたいですかと尋ねると、なんと「営業の仕事がしたいのです」という答えが返ってきました。

その日は「何とか考えてみましょう」と言って別れたのですが、それから何か方法がないかいろいろ考えたり、調べたりもしました。

すると難病に対する助成金があることがわかりました。これは難病のある人を雇用する事業主に対して賃金の一部に相当する額を助成して、難病を抱えた人の雇用を促進するというものです。週に八時間未満の短時間労働で月五万円、長時間労働で月八万円が一年半の間、国から出るのです。この助成金を利用して、彼女に働いてもらおうと思ったのです。

彼女は週に二日間は出社できます。あとの三日間は家にいて、電話などはできるそうです。ならば、在宅勤務を認めてあげて、電話での営業をしてもらう。当グループでは一つ成約すると利益が百八十万円もするものもあります。新人でも決まることがあるので、彼女にも十分可能性があります。

私は彼女に営業の仕事をお願いしようと思っています。そのときに一つ条件をつけさせてもらおうと思っています。

それは「あなたがもしうちで働けるようになったら、あなたのことを広報宣伝させてください」というものです。それは当グループが一つのモデルケースになって、彼女のような難病を抱えた人でも働けるということを知ってほしいのです。

彼女には病院仲間が何人かいて、その中には白血病の人などもいるそうです。やはりみんなが口にするのは「人の役に立ちたい」ということだそうです。彼女がちゃんと働けているということが広く知れ渡ったら、こうした人たちの雇用にもつながっていくのではないかと思うのです。

就労困難者の雇用を実現するための五つのステップがあります

現在、当グループでは二十大雇用を目指していますが、これを実現するために必要な五つのステップがあります。

第一ステップ：その人に合わせた働く環境を作る
第二ステップ：その人の強みに合った仕事を作る

第三ステップ：対価をもらうように価値を知らせる
第四ステップ：継続性を持たせる
第五ステップ：新たなキャリアパスの道も模索《もさく》する

企業にとって特にステップ一から三は絶対に作っていかなくてはいけないものだと思います。ただ法定雇用を達成するためだけに障がい者を雇用することや、障がい者＝シュレッダー、コピーとりという発想は、人権を無視したやり方だと思うからです。

営業の仕事をしてもらおうと思っている再生不良性貧血の女性の話を書きましたが、彼女を例にして説明しましょう。

ステップ一で言いたいのは、八時間勤務しか認めないと言った瞬間、ほとんどの就労困難者はそこで脱落してしまうということです。彼女の場合だと、二日間の出社、あとは在宅勤務という働き方を作ってあげて初めて就労が可能になるのです。

ステップ二はその人に合った仕事を作るということです。

彼女は仕事は営業がしたいと言っています。でも彼女はお客さんのところに訪問ができない。しかも継続的にフォローすることも難しい。それなら家でもできるニューコールの仕事なら大丈夫ではないでしょうか。リストを見ながら電話でアポイントをとるという仕事です。これなら家でもできるし、継続的にフォローする必要もありません。

そしてステップ三。対価として価値を認めてあげないかぎり、給料を払えないということです。彼女は百件電話しました。そして十件のアポイントをとりました。その十件に営業が行って、一件成約しました。この成約で例えば年間百八十万円の利益が出たとします。このとき彼女が八十万円、営業が百万円という評価にするというルールを作ることが大切です。この評価があれば、彼女はちゃんと働いていけるのです。これを営業にも認めてもらわなければいけません。きっと認めてくれるでしょう。だいたいニューコールが好きな人はなかなかいません。彼女は電話をして、アポイントをとるところまでやってくれるのですから。

ステップ一を実行している会社はかなりの数になってきていると思います。ステップ二、三になってくると、かなり少ないといってもいいかもしれません。しかし、ここまでやらなければ就労困難者の継続的な雇用は難しいのです。

変わりつつある、障がい者に対する意識

二〇〇八年に中野区でハーモニーがスタートした頃は、会社のスタッフでさえ、あまり興味を示してはくれませんでした。月に一回、「ハーモニー交流会」を開き、FDメンバーと一緒に業務を行ったり、昼食を食べたりして半日過ごしていましたが、社員はほとんど参加してくれませんでした。気の毒に思ったのか管理職がたまに参加してくれる程度です。その管理職が部下を連れてくるようになり、部下が仲間を誘うようにもなり、いつしか三十名の定員がすぐにいっぱいになるようになりました。今では順番待ちという状態です。

障がい者雇用に興味のある他社を招いてのセミナーなども同様で、最初はほとんど参加者もいませんでしたが、今では年間二千名を超える人が見学に訪れます。

私たちのグループが賛同企業として協力させていただいているものに「日本ITチャリティ駅伝」があります。これは「あなたの走りが一人の若者を救います」というキャッチフレーズで、IT企業に多いと言われるメンタル不全や引きこもりの人の就労支援を目的にしたものです。一人の参加費が三千円ですが、これによって引きこもりの人の就労トレーニングを応援できるというものです。

二〇一〇年に第一回が開催され、このときは参加者が六百人ほどでした。それが二〇一一年には二千人。二〇一二年には五千人を超える参加者が集まりそうです。

引きこもりの人たちは「自分のことなんて忘れられている」と思いがちです。

私はこの駅伝を通して、引きこもりの人たちに「いろんな人があなたたちのことを思って参加しているんだ。決して見捨てられていないんですよ」というメッセージを伝えていきたいと思っていますが、ある人に話を聞くと、参加者には引きこもりの支援をしているという明確な意識はあまりないようです。しかし、自分たちが参加し、走ることで何かの役に立っているんだな、という感覚はあるようです。これでいいのだと思います。明確には見えない何かがつながって、やがて大きなストーリーが生まれる気もします。

あるいは福島市と安城市に作った障がい者が働く匠カフェでも、母親たちが給料をもらっているわけでもないのに、「社長、私たち何かすることないでしょうか」と言ってくれます。こういったところにも新しい価値観が生まれてきているのです。

ここ数年、こういった変化を肌で感じています。多くの人の障がい者に対する意識も少しずつですが、確実に変わってきているのでしょう。意識が変われば障がい者雇用の道も大きく広がっていくのではないかと期待しています。

障がい者が働く二軒のカフェをオープンしました

福島市に匠カフェがオープンしたのは二〇一一年二月のことでした。働く人の九割が障がい者というカフェです。ところがオープンの二週間後に東日本大震災が起こり、お客さんは一気に十分の一に減ってしまいました。従業員はみんないつ店がなくなってしまうか気が気ではなかったようです。しかし、私が福島の店に行き

「店はやめないよ、みんなで頑張ろう」と明るく言うと、みんなは大喜びでした。

　知的障がいのある女性は高校を中退してまで入社してきました。「来年まで待てばいいのに」と言うと、「ずっとカフェの仕事をしたかったけれど、来年また募集があるかどうかわからないから、やめてきました」と言います。あるいは「娘が元気に働きに出るようになり、家の中に満開の桜が咲いたようです」というお母さんからの手紙もいただきました。多くのお母さん方が「何かお手伝いできることはないでしょうか」と言ってくださいます。そんな人たちが関わる店を潰すわけにはいかないのです。

　理と利のバランスが大切だと書きました。経営の学校では短期的に利益を上げるのはリストラだと教えるでしょう。しかし、私は直接的な利益だけではなくて、人間の心も見ていなくてはいけないと思います。

　リストラされた人の心には傷が残ります。実は残った人の心にも傷ができます。傷はすなわち会社への不信となります。それは長い目で見ると必ず会社へのダメージになるのです。私は経営者ですから、いつかそれを数値化してみようと思ってい

匠カフェのスタッフたち（撮影＝李宗和）

ます。

　話は匠カフェに戻りますが、カフェのフロアにいる従業員はｉＰａｄを持って注文をとりに行きます。間違いのないようタッチパネルでオーダーをとるのです。お客さんも一緒に画面を見ながら注文するので、コミュニケーションも生まれます。マイナスに見えることがプラスになっているのです。

　このカフェのことを聞いて、愛知県安城市にある特別支援学校の校長先生が私のところにみえました。愛知県立安城養護学校は知的障がい者のための学校で、五年ほど前までは日本でいちばん大きな学校だったそうです。その校長先生が「学校のすぐ近くにカフェを出してもらえないだろうか」とおっしゃるのです。「オープンできたら千人の会員を保証します」と。

　匠カフェには会員制度があります。年会費五千円のスタンダード会員と一万円のマスター会員があるのですが、それだけで五百万から一千万円の会費が集まるのです。これによって給料の大半がまかなえます。その上お茶を飲んだり、パスタを食べに来るお客さんがいれば、絶対に黒字になるのです。

それではやってみましょうということになり、話はどんどん進んでいきました。二〇一二年の三月には、いい物件があるというので私も安城に行きました。到着すると、大勢のお母さんや先生が出迎えてくださいました。現場に行くと、一階がカフェで二階が打ち合わせもできるスペースになっていて、デザインも決まっていました。

二階はお母さんたちが打ち合わせをするほかに、学校が借りて授業もするそうです。私が行った日は、栄養士さんが来てメニューのプレゼンテーションまでしていました。

はっきりいって私はやることが何もないのです。いえ、やる必要もないでしょう。親と先生がしっかりと運営してくださっているのですから。

二十五万円の給料も夢ではありません

こうして二〇一二年七月、安城市の「Ponte Café 匠」がオープンしました。店は順調のようです。これをモデルケースとして、全国の養護学校のすぐ近くにこうしたカフェを作りたいと思っています。障がい者が十人働く店を百軒作れば、一千人もの雇用を創り出せるのです。

しかもカフェでは知的障がいのある女性が明るい笑顔で楽しそうに働いているのを、同じく障がいのある子や親が見て、「あんなお姉ちゃんみたいになりたい」と思って頑張ってくれると本当に素晴らしいと思います。

当初は支援学校の近くで、親が会員という閉じられたところからの出発ですが、ここでトレーニングを積んだスタッフがやがて駅前に出店して店を切り盛りしたり、近い将来は本社がある東京の青山にもカフェを作ろうと思っています。健康的な素材を使って弁当なども作り、当グループの社食にもなるようなカフェを作りたいと思っているのです。

私は将来、障がい者の人たちも自立できるように二十五万円の給料を払いたい、必ず実現すると言い続けていますが、安城のようなカフェが増えていくことで、それも可能になっていくかもしれないと思っています。

匠カフェの会員になると特典が三つあります。

一つは飲み物が割り引きになります。

二つ目が全国の授産施設で作られたお菓子を厳選して年に一度贈ります。

今、ワンコインで食事ができるような店が増えていますが、それに比べると、カフェの飲み物や食べ物は少し高いかもしれません。あるいは、お菓子も少し割高です。

しかし、いい材料を使い、添加物《てんかぶつ》などは極力避けて作られたものばかりです。何よりも障がいのある人たちが想いを込めて作っているものです。安いものが大量に出回る社会になっていますが、同時に、想いを込めて大切に作られたものを選ぶ社会でもあってほしいと思うのです。安いものを大量にということだけを追求していくと、どんどんこの国から雇用が失われていくのです。

三番目の特典は、誕生日とか結婚記念日といったアニバーサリーに、重度の知的障がいがありながら書道三段の笹本君の書が贈られます。

現在、福島と安城で会員はたくさんいます。会員が千名になれば、書を千円と見積もると、これだけで百万円の売り上げです。もう二店舗くらい出せば、これまでの笹本君の支給額に上乗せすると、二十五万円の給料は確保されるのです。

これは笹本君のお母さんが子供の頃から字を教えていて、これだけは負けないぞというものを身につけさせてくれたおかげです。企業はそれに対して対価を払うことが大事なのです。

さらに店舗が増え、会員が増えていけば、新たに知的障がいや自閉症の人で、字がうまい人を雇用できるのです。

スピードやスキル、効率という点だけで評価すると障がい者の人たちは厳しいことも多いのですが、その人の持っているブランディング、例えば字のブランディング、絵のブランディングといったものを価値として認めていけば、二十五万円も決して不可能ではないと思います。

二〇二〇年を目標に東北三県に千人の雇用を創ります

福島にカフェを作り、直後に震災にあいました。これも私に与えられた何かの役割と考え、福島県、宮城県、岩手県の東北三県に積極的に雇用を作っていこうと決心しました。今、東北三県に何が必要かと言えば、お金を生み出す仕組みです。それは雇用しかありません。水を持っていくことも必要ですが、長い目で見れば井戸の掘り方を教えるほうがもっと大事なことではないかと思うのです。そのための雇用を創ろうと思っているのです。

実際にもう会社を作っています。福島は匠カフェです。住む人が少なくなってしまい、まだ赤字ですが、何としても黒字にします。そのほか福島には事務センターができています。盛岡には営業の部隊がコールセンターを作りました。仙台には当グループの入札案件を扱う事務所があります。ここはさらに力を入れて大きくしていこうと思っています。

震災後に東北三県に会社を作り、約九十人の就労に携《たずさ》わったのは当グループだけでした。そのうち障がい者は三十人にもなります。

こうした活動を聞きつけて、ある大手の建設会社の方がやってきて話をされました。

「福島で仕事を作りたい。ついてはデータセンターを作るが、一緒にやりませんか」

「障がい者雇用もしてくださいますか」

「もちろんやりましょう」

創業わずか十二年の中小企業に、大手の建設会社が持ってこないような話でした。これから日本も変わってくるかもしれないと思えるような出来事でした。

今後三年で三百人、二〇二〇年までには千人の雇用を東北三県で創っていこうと思っています。それは決して実現できない数字ではありません。自治体の応援もあります。震災の後、これまで自治体に世話になってきた企業が次々とリストラをして撤退《てったい》していきました。そこに言わばよそ者の私たちが入ってきて雇用を創ってくれたと感謝されています。

通常、自治体は入札という形をとって、平等に仕事を民間に依頼してきました。ところが入札を募ってもどの企業も手をあげないというのです。その結果、自治体の人が雇用を創ってほしいと言って私のところにまでやってくるのです。さらに「今度の入札案件を渡邉さんのところでやろうよ」と言ってくださるようにまでなりました。

雇用があれば税収があり、街が発展します。雇用があれば人々の暮らしも安定します。さらに生きがいや希望を胸にすることもできます。その結果、犯罪も減り、自殺も減り、社会も安定します。だからこそ、雇用を創ることが私のミッションだと思っているのです。

◎第八章◎

私の夢

創業してわかったことが一つあります。
「人のためになることで、解けない課題はない」ということです。
考えて考えて考え抜けば、どんなことでも必ずできると思っています。
事実、これまでさまざまなことを実現してきました。
そして将来、必ず形にしていきたい夢がまだたくさんあります。

「ゆりかごから墓場まで」の障がい者雇用

「ゆりかごから墓場まで」という言葉がありますが、障がい者にこそこれが必要だと思います。

つまり、雇用の継続、やりがいのある仕事、正当な給与、自立、そして最後には生活支援まで必要なのです。何としても私はそれを実現したいと思っています。

スタートは教育です。私は障がいは必ず改善できると言っていますが、そのための教育は早いほどいいのです。だから私はまず学校を作りたいと思っています。ある研究機関が作ったプログラムがあるのですが、それでトレーニングしたいのです。

プログラムは約四百五十項目のメニューがあり、五段階で評価します。すべての項目で四以上になると、自閉症であろうが知的障がいであろうが、普通の人と変わらなくなってしまうのです。私はこのトレーニングを小学生から高校生まで三十人くらいにしてもらい、卒業後は私の会社に入ってもらおうと思っています。

これには親御さんの協力も必要です。トレーニングは家でもしてもらわないといけません。障がいがなければ一でできることが三十くらいかかることもあるでしょう。泣いて嫌がる場合もあるでしょう。しかし、親もきちんと理解して、我が子が会社で働けるとなれば、それがモチベーションになって必死にトレーニングをしてくれることでしょう。

障がいのある人たちは何百万人もいるのです。そういう人たちが本当に働けるようになったらどれほど素晴らしいでしょう。まずはＮＰＯから始めて、実績を作ってから学校法人にしようと思っています。

その学校は二歳から十八歳まで二十人ずつ全部で三百四十人の生徒がいます。十九歳になるとうちの会社に入ってもらいます。

月謝は月に三万円。十七年間払い続けると六百十二万円になります。このお金を入社後の三年間の給料で返していきます。障がい者が会社に入ると二年間は国からの援助があるので、都合五年間はたとえ戦力にならなくてもやっていけるのです。そしてその間にその人に合った仕事を見つければいいのです。

同時に、会社としての体制を整えておく必要もあります。

現在、当グループには株式会社以外に複数の組織があります。障害者自立支援法に基づく会社と特例子会社です。

例えばメンタル不全の人の勤怠は安定しません。一か月毎日、来ていたと思ったら、突然次の一か月休んだ。一週間に二日は出社するけど、それがいつかはわからない。そんなことはよくあるのですが、これでは通常の会社ではほとんど働けません。しばらく休んだほうがいいんじゃない？　会社勤めは無理かもしれない、ということになるでしょう。

そういうときにはＮＰＯの世話になります。ＮＰＯは基本的には寄付《きふ》で運営されます。私がいろいろなところで講演をして、それで寄付が集まります。二〇一〇年からはチャリティ駅伝もしています。昨年はボランティアを含め三千人の参加者があり、約四百万円になりました。メンタル不全の人は、元気なときは会社で面倒を見ますが、不安定になってくるとＮＰＯの世話になるのです。この収益の一部でＮＰＯのメンバーをサポートしています。

あるいは引きこもりの人も最初はＮＰＯから仕事を始めます。七年も十年も引きこもっていた人がいきなり会社で仕事をすることは不可能です。だからＮＰＯで二年くらいかけて社会復帰をしながら、少しずつ仕事ができるようにしていくのです。

特例子会社は障がい者のための会社で、国からもいろいろな補助が出ます。障害者自立支援法に基づく会社は就労の仕方に自由が利きます。在宅勤務でしか仕事ができないといった人にはこれが役立ちます。

近いうちに社会福祉法人と学校法人を作る予定にしていますが、これだけの組織を有している会社は日本にはおそらくどこにもないでしょう。それもこれも、どんな人が来てもＮＯと言わずに受け入れ、雇用を継続していくためなのです。

さて働くことができて、親も一安心します。しかし、すぐに次の心配が生まれます。それは自分が死んだ後、誰がこの子の面倒を見るのだろう、ということです。実は障がい者の親御さんと話していて、すごく多いのが、雇用の次は介護までお願いできないでしょうか、という要望なのです。

障がいのある人は健常者に比べて、老化による障がいも早く出てくることがあるようです。五十代で介護が必要になることもあるかもしれません。

あるいは知的障がいの人やアルツハイマーになった人は、自分のお金の管理ができなくなるかもしれません。そんなとき誰かにだまし取られないようにもしなくてはいけません。

そのための生活支援や介護ですが、それを果たすには社会福祉法人が必要なのです。これが私の考える「ゆりかごから墓場まで」の障がい者雇用なのです。

障がい者の処方箋を作りたい

障がい者の親と話をしていていつも感じるのは、障がい者雇用に対して親でさえ何の情報も持っていないということです。

「この子は一生働けない」

「仕事があったとしても授産施設で名刺作りをするくらいしかない」

あるとしても、せいぜいこんな情報です。きちんと障がい者を雇用している企業がほとんどないから、情報もないのです。

がんのような病気なら処方箋《しょほうせん》はたくさんあるでしょう。しかし、障がい者雇用の処方箋は皆無《かいむ》なのです。だから私が処方箋を作ろうと思っています。こういう障がいのある人にはこうした仕事が向いています、という処方箋です。

障がい者や就労困難者にはその障がいによって向き不向きがあり、さらに個人差もあります。ところが多くは「障がい者」とひとくくりにしかとらえられません。あなたにはこの仕事が向いているというのではなく、少し教えれば誰でもすぐにできるような仕事をさせられるだけです。だから仕事も名刺作り、シュレッダー、コピーとり、清掃といったものになってしまうのです。

その結果、ときとして奇妙なことが起こります。

大学を卒業しているアスペルガー症候群の人と知的障がい者が一緒に名刺制作の仕事をします。どちらが速くて上手にできるかおわかりになるでしょうか？　実は知的障がい者のほうがはるかに速く、正確にできます。知的障がい者は単純作業に向いていて、一度覚えたら飽《あ》きることなく続ける能力があるのです。

ところがアスペルガーのような発達障がいの人は、パターンでする仕事がとても苦手です。苦手なために遅い。それを見た責任者が「こいつこんなこともできなくて駄目だなあ」などと言ってしまうと、プライドが傷つけられ、結局は辞めてしまいます。

当グループにそういう経験のあるアスペルガーの人が入社してきました。事前に医者から症状を聞いておきました。アスペルガーの人は能力の高い人がとても多い。しかし、コミュニケーション能力が著しく低くて、思ったことをすぐに口にしたりして、人間関係が悪くなることが多い、ということでした。

当初、彼は何か話そうとするとドモリになったり、体が震えたりもしていました。何かストレスがあったのでしょう。彼は今、ソフトウェアツールを使って帳票作成をしていますが、みんなから「すごい！」と二年間にわたって言われてきて、今では普通にプレゼンまでできるようになっています。もし「アスペルガー症候群は単純作業には向かない」といった処方箋があれば、彼に名刺制作を経験させることはなかったでしょう。

日本ではあまり知られていませんが、ディスレクシアという文字の読み書きが困難な学習障がいがあります。会って話をしているかぎりわかりません。しかし、文字をうまく読めないので、日本では頭が悪い、努力が足りないと決めつけられてしまうことが多いようです。入社試験などをしても読めない、書けないため、なかなか仕事には就けません。

ディスレクシアの人は、脳の中での情報処理の方法が一般の人とは異なっているそうです。そのかわり特異な能力を持った人も多いのです。ダ・ヴィンチやアインシュタインもディスレクシアだったと言われています。

こういった特異な才能を埋もれさせないためにも、さまざまな処方箋を作ることも私の夢なのです。

何もない人生が一番、本当にそうでしょうか

学生時代の友人と話していたときのことです。

「最近思うんだけど、なんにも起こらない人生が一番なんだよな」

彼が言うのは、日々、大きな事件もなく平穏に過ぎていくのが一番だという意味だったのでしょう。それはわかりますが、同時に、私は別のことを考えていました。「本当の意味で何もない人生を送るってどんなにつらいだろうか」と思ったのです。病気や障がいで本当に何もできない人がいます。一歩も外に出られない人もいます。あるいは指先だけしか動かないような人もいます。

そういう人たちの話を聞くと、皆さん、世の中のために何かしたい、叶《かな》うならば働きたいと言います。でなければただ生きているだけ、食べて排泄《はいせつ》しているだけだ、と。私はそういう人を何とか雇用できないかと何度かトライしてきました。

そうした中に、ある重度の身体障がい者の女子大生がいました。当グループで「働きたい」というので、「じゃあ、在宅勤務で何か考えましょう」と答えました。ところが彼女は在宅は嫌だと言うのです。それでは意味がないらしいのです。通勤するのがどんなに大変でも、家に閉じこもっているのではなく、社会の風に触れたいのです。

電車に乗って会社に来るのはいいでしょう。しかし、問題はトイレです。場合によっては全部脱いで用を足さなくてはいけません。まさか社員がそれを手伝うわけにはいきません。サービス介助士に来てもらうという手もありますが、体重もある成人なので男性の介助士でなくては無理でしょう。しかし、若い女性ですから男性に任せるわけにもいかない。その上、介助士に対して国から援助があるのは十五年だけです。

というわけで、まだ重度の身体障がい者の雇用は実現していませんが、これから必ず実現したいと思っています。

障がい者の営業を百人作りたい

私は二十年以上にわたって未来ノートを書き続けてきました。毎月ほぼ一冊のペースで書いてきたため、現在では二百七十冊を超えています。

二十八歳のときに「二十年計画」を作成しましたが、以来、その計画を一年ごとに達成していく計画に細分化し、さらに月ごと、週ごと、その日一日でやるべきことに細分化していくのです。ノートには毎日のスケジュールや、本を読んで記憶に残った言葉なども書き込んでいくので、一か月一冊のペースになるのです。

その中でとても重要な位置を占めているのが「考えなければならないこと」のコーナーです。ここにたくさんの目標を書いています。そしてそれをどうすれば達成できるか徹底的に考えるのです。たいていは百回から三百回くらい考えると答えが出ます。

つい最近も答えを見つけました。「障がい者百人を営業にする」ための方法です。営業部長に「こんなアイデアが浮かんだんだけど、どうだろう?」と話したところ、「社長、それなら一〇〇パーセントできますよ」と言ってくれました。

障がい者はこれまで、他の人が切り出してくれていた仕事をする場合が多かったのですが、彼らが営業になって成果をあげれば、彼らが戦力になり、さらに千人の仕事を作ってくれるのです。だからこそ障がい者が営業をできる方法がないかと考えてきたのです。

私は三年以内に障がい者の営業を百人にします。その方法は三年後にお話ししたいと思います。

アジアの国にも広げたい障がい者雇用

現在、当グループは韓国、中国、シンガポール、インド、ベトナム、マレーシアに拠点があります。障がい者雇用に関して言えば、アジアの中では日本はかなり進んでいます。国によっては、特に知的障がい者はとてもひどい扱いを受けていたりもします。考えてみれば、日本でも二十年ほど前まではそうだったようにも思います。

今、私が日本で展開している障がい者雇用も、今後、グローバルに展開していきたいという思いがあります。そのとっかかりとして、国として障がい者雇用に取り組み始めている韓国で、当グループに助成金が出ることになりました。

さらに世界に目をやるとスウェーデンにサムハルという企業があります。ここは一九八〇年に創業された従業員二万一千人の企業ですが、そのうち二万人が障がい者です。従業員の九〇パーセントが知的障がい者や身体障がい者、メンタル不全、アルコール依存症や麻薬中毒患者などの就労困難者ということになります。国からの補助もかなりあるのですが、経営は健全で、健常者とあまり変わらない給料を支払っているそうです。

私はサムハルのような会社を日本で実現したいと考えています。将来当グループの社員を十万人にしたいと思っています。そして少なくとも障がい者を含む就労困難者を三万人は雇用したいのです。

この会社が三万人の就労困難者を雇用し、しかも、ここまで伸びてきたということを日本に、そしてアジアの国に知っていただければ、いろいろな国でも障がい者雇用の扉が開けていくと思うからです。

エピローグ――再び「一人一秒のプレゼント」

冒頭でご紹介した「一人一秒のプレゼント」を今日も新入社員たちの前で読みました。若者たちも感動してくれた様子で、「やっぱり人のために何かすることは大事ですね」などと口々に言っていました。

困っている人や、助けが必要な人がいる。それを見て関わり合いたくないとか面倒くさいと思うかもしれません。しかし、それは決して本音ではないと思います。本当は誰もが人のために何かをしたいという優しさを持っているのです。

ただ、今は、その優しさを育てたり、実践できる環境がないのです。環境で人は悪人にもなるし、いい人にもなります。だから私は、人が本来持っている優しさを素直に出せる環境を作っていきたいと思うのです。

再生不良性貧血の女性の話を書きました。彼女と出会った講演の場で、いろんな人と話をしました。誰もが「障がい者の人たちは大変ですね」と言います。「それを知ったら何か活動をしなくてはいけません」と言うと「何をしたらいいのかがわからない」と返ってきます。

何でもいいのです。ボランティアでもいい、寄付でもいい、あるいは家に帰って家族に話すだけでもいいかもしれません。

安岡正篤《やすおかまさひろ》先生は最澄《さいちょう》の「一隅を照らす」という言葉を引用して説いています。つまり、小さな一つの光であっても、それが正しいものであれば、いつか必ず共鳴する人が現れて、その光は広がっていく、と。

マザー・テレサも「私たちのしていることは大海のたった一滴にすぎないかもしれません。でも、その一滴の水が集まって大海になるのです」と言っています。

私一人の力は微力《びりょく》です。しかし、無力ではありません。私は本書に書かせていただいたさまざまな夢を実現するために、これからも一灯に光をともし、大海に一滴を加え、私の一秒をプレゼントして人のために汗をかき続けたいと思っています。

〈著者略歴〉
渡邉幸義（わたなべ・ゆきよし）
昭和38年静岡県生まれ。昭和61年武蔵工業大学機械工学科（現東京都市大学）を卒業。同年、日本ディジタルイクイップメント株式会社（現日本ヒューレッド・パッカード）入社。平成8年株式会社エヌ・アンド・アイ・システムズ代表取締役副社長就任。平成12年株式会社アイエスエフネット代表取締役就任。全国に35拠点、海外にも6カ国展開をしており、雇用の創造を会社の大義に掲げ、経歴に関わらず、意欲のある人間を採用することを実践している。ニート／フリーター・障がい者、育児や介護従業者・引きこもり・シニアその他就労困難な方々という、不況下の日本において難しいとされている層の雇用にも積極的に取り組みながら利益を出し続けている。主な著書に『「未来ノート」で道は開ける！』（マガジンハウス）、『社員みんなが優しくなった』『社長のメモ』（以上、かんき出版）『会社は家族、社長は親』（ＰＨＰ研究所）『雇用創造革命』(ダイヤモンド社)などがある。

美点凝視の経営

平成二十四年九月十五日第一刷発行
平成二十五年九月五日第二刷発行

著者 渡邉 幸義
発行者 藤尾 秀昭
発行所 致知出版社
〒150-0001東京都渋谷区神宮前四の二十四の九
TEL（〇三）三七九六―二一一一
印刷 ㈱ディグ 製本 難波製本
落丁・乱丁はお取替え致します。（検印廃止）

ISBN978-4-88474-975-0 C0034
ホームページ http://www.chichi.co.jp
Eメール books@chichi.co.jp